地方史研究協議会 【編】

学校資料の未来

地域資料としての保存と活用

岩田書院

序

　地方史研究協議会では、地方史研究の発展のため、特に民間に所在するさまざまな資料の保存・活用や、地域の文書館・博物館などのあり方、学芸員など専門職の役割と意義について運動を行い、学術的な観点から提言を行っている。

　近年では、2009年（平成21年）に開催されたパート1に引き続き、2014年（平成26年）1月に「基礎的自治体の博物館・資料館の「使命と役割」2」、同年11月に「基礎的自治体の文書館の現状と課題」、2016年（平成28年）5月には東日本大震災関連シンポジウム「大震災からの復興と歴史・文化の継承」を開催してきた。また、2017年（平成29年）5月には、地域の文化財保護や博物館活動に関わる学芸員の重要性について、声明を発表したところである。

　昨今の社会情勢の変化と、それにともなう地域資料を取り巻く環境の変化は著しく、これまでにない多くの困難な問題が存在しているといえる。そのようななかで、現在、資料の保存・活用を取り巻く課題の一つに、学校に所在する資料（以下、「学校資料」とする）を挙げることができる。少子化にともない、各地で学校の統廃合が進み、学校資料の散逸が危惧されている。また、統廃合に直面していない学校においても、学校固有の事情が存在するなかで、資料の管理体制が十分に確立できないという問題を抱えている。

　こうしたなか、近年、学校で作成・収受される公文書や、学校の歴史・教育に関わる資料、また学校に集められた地域のさまざまな資料が着目され、その保存・活用についての議論や実践が行われるようになってきた。ただし、学校資料の捉え方は多岐にわたるため、個別の問題関心にしたがって議論が進められてきているのが現状であろう。

　そうした学校資料をめぐるさまざまな動向や変化を受けて、当会では、2017年8月6日に「学校資料の未来─地域資料としての保存と活用─」というテーマでシンポジウムを開催した。これは、これまで学校・博物館・文書館や、教育学など、さまざまな立場から論じられてきた学校資料の問題を、

地方史研究の観点から捉え直して、その多様な資料を総体的に把握し、議論の俎上にあげようという試みであった。

このシンポジウムについては、会誌『地方史研究』391（2018年2月）で概要を報告しているが、本書は、当日の嶋田典人・羽毛田智幸・神田基成3氏の報告とその後の質疑応答の成果を踏まえ、さらなる内容の充実を目指して刊行するものである。さまざまな実践の事例を取りあげながら、地方史研究という立場から学校資料の保存・活用の"未来"について展望することを目的としている。

本書に所収されている11編の論考を通じて、読者諸氏が、自身を取り巻く地域社会における資料保存・活用の問題について、改めて考える一助となれば幸いである。

地方史研究協議会

会長　廣瀬　良弘

学校資料の未来　目次

序……………………………… 地方史研究協議会会長　廣 瀬 良 弘　1

刊行にあたって………………『学校資料の未来』刊行プロジェクトチーム　5

第1章　学校資料とはなにか

学校組織文書と公文書館………………………………嶋 田 典 人　11
　　―学校アーカイブズの視点から―

学校資料と教員が向き合うこと………………………風 間　　洋　31
　　―勤務校での廃棄・保存・活用を通じて―

学校所蔵資料の特徴と調査の課題…………………多和田真理子　47

第2章　学校資料を守り、受け継ぐ

学校資料をどう伝えるか………………………………羽毛田 智 幸　67
　　―横浜市内の活用事例から―

地域博物館と学校資料…………………………………実 松 幸 男　89

学校資料の保存と活用…………………………………和 崎 光太郎　105
　　―その現状と課題―

学校統廃合における資料保存…………………………小 山 元 孝　123

第3章　学校資料で地域の歴史を語る

明治初年小学校創立期の学校史叙述と史料………………工 藤 航 平　137
　　―東京府管下「開学願書」の再検討―

学校資料の利活用とその保存…………………………大 平　　聡　153
　　―地域史資料としての学校日誌―

学校史編纂と学校資料…………………………………深 田 富佐夫　171
　　―私立成田高等学校の事例―

台湾に残る日本統治時代の学校資料………………神 田 基 成　189
　　―現代日本の地歴科教員が戦前台湾の国史科教員の足跡を追う―

あとがき……………………………地方史研究協議会 学術体制小委員会　203

刊行にあたって

　現在、少子化にともなう学校の統廃合や、学校固有の事情が存在するなか
で資料の不十分な管理体制などを背景に、学校に所在する資料(以下、「学校
資料」とする)の保存・活用が大きな課題として浮き彫りとなっている。

1　地域のなかの学校

　学校とは現在、学校教育法において「幼稚園、小学校、中学校、義務教育
学校、高等学校、中等教育学校、特別支援学校、大学及び高等専門学校」
(第1章第1条)と定義され、実に多種多様な学校が全国に存在している。

　そのなかでも特に、明治の学制頒布以来、地域住民の資財と労力に支えら
れて設立・維持された小学校は、地域の共有財産として認識されてきた。ま
た、公共施設が不十分な時代にあって、さまざまな地域活動の舞台として機
能し、地域を支える学校として地域住民にとっても欠くことのできない存在
であった。

　つまり、学校は、その成り立ちから地域とともに存在し、地域住民のアイ
デンティティを支える存在といえる。そして、その学校資料が失われること
は、学校の歴史だけでなく、地域の歴史を辿ることができなくなることを意
味し、ひいては地域住民や卒業生のアイデンティティの喪失へと繋がること
にもなるのである。

　このような地域と学校との積極的な関係を明確にすることは、学校という
場の意義を再認識するとともに、学校資料の保存・活用に向けて、幅広い人
びとに共有される資料的価値を見いだすことにも繋がろう。

2　学校資料をめぐる動向

　学校資料が注目されたのは、決して最近のことではない。1960年代以降、
特に学制頒布100年を契機として、都道府県を中心に自治体による教育史の
編纂とそれに伴う資料所在調査が行われるなかで、資料の散逸が危惧される
ようになった。

　1980年以降になると、学校の組織運営に関する文書や、学校の教育実践の
なかで作成されるさまざまな文書が、学校資料として認識されるようになる。

その後、学校資料は学校内に保管されているという枠組みのなかで、対象となる年代や内容の幅を広げていったのである。さらに、寄贈・収集された歴史資料・民具資料・考古遺物や芸術作品、また校外にある学校関連資料や、個人所蔵の配布物や写真なども学校に関係があれば、広義の学校資料として把握されるようになっている。

そして、2000年以降になると、教育学やアーカイブズ学の分野においても学校資料に対する関心が広がり、具体的な事例が紹介され、学会誌での特集やシンポジウム等で議論されるようになった。特に、従来のような学問動向の変化に従属した分析資料の多様化とは異なり、アーカイブズ学の影響を受け、学校という場に所在する資料を総体的に捉えるような考え方も登場した。

このような資料認識の広がりは、歴史学、教育史学、アーカイブズ学、博物館学、図書館学などの学問動向の変化や、資料保存をめぐる現代的課題と軌を一にしており、その時々の歴史学や教育史学のあり方を表現しているといえるのではないだろうか。

一方、関心が高まり、研究対象とする分野が広がることで、学問分野や資料の種別ごとに議論が個別分散化している。また、議論の場は学界であり、当事者である学校関係者の関心は決して高くはないというのも現実である。

本書では学校に所在する資料を「学校資料」としているが、各分野間でも統一されておらず、きちんと共有された用語・定義ではない。そのため、本書執筆者でも必ずしも完全には一致していない。したがって、ここでは学校に所在する資料を基本としつつ、公文書館などの施設や個人が所有する学校に関する資料まで含む、という幅をもたせておきたい。

3 地域資料としての学校資料

このような現状に対し、資料保存・文書管理の面からも諸課題を集約、整理する必要があると考えられる。

学校資料は地域住民の学業や生活・生業に関わる地域資料として位置づけられることから、地域史研究の深化と、その成果を地域へ還元するという観点からしても、学校資料を総体として捉えた議論は不可欠である。

そこで、学校に所在するさまざまな資料が地域の歴史を物語る地域資料でもあるという点に着目し、「地域資料としての学校資料」として捉え直して

みると、分散化した議論を、これまでとは異なるアプローチでまとめること
ができると考えた。

　本書は、学校という場に所在している資料を「学校資料」と定義すること
で、学校資料に携わるさまざまな立場の人びとが集まり、問題意識を共有し
議論できる場を設ける試みである。

　学校資料の保存・活用については、その方針が明確に示されているわけで
はない。本書は、まずは、学校資料の意義を再確認し、どのような保存・活
用のあり方が望ましいのか、今後の散逸を防止する観点からも、資料をめぐ
る多角的な視点を示すことをめざした。

4　本書のねらいと構成

　学校資料を考える場合、①学校資料の存在を広く認識させるための資料認
識論、②保存・活用の実践事例の蓄積と共有、③学校資料を使った研究や展
示等を通じた資料的価値の追究、という３点について、議論を深めなければ
ならない。そこで、本書では以下のような３章構成とすることとした。

　第１章「学校資料とはなにか」では、学校に所在する資料を洗い出し、認
識を共有するため、組織文書としての公文書、歴史・考古資料、学校所在調
査で発見されたさまざまな資料を取り上げ、文書館専門員・教員・教育学研
究者という立場が異なる３人の執筆者による論考を収録した。学校資料の多
様化や議論の個別分散化の弊害として、分野外は未知の世界の話しであり、
ほとんど資料認識や議論が共有されていないという現状がある。これらは、
本書に先立って2017年８月に開催されたシンポジウム「学校資料の未来―地
域資料としての保存と活用―」で、基本事項に多くの質問が寄せられたこと
にも顕れている。そこで本書では、まず学校資料にはどのようなものがある
のか、共通認識の構築をはかれるようにした。

　第２章「学校資料を守り、受け継ぐ」では、学校内の歴史資料室の設立・
運用、地域博物館所蔵資料の展示場としての郷土資料室の利用、学校資料の
保存と活用、統廃合に直面した学校資料という、実際に保存・活用を実践し
ている現場を取り上げる。各論考とも、事例紹介にとどまらず、それぞれ固
有の課題と向き合うなかで得られた経験と指摘は、今後、保存と活用を理論
的に考えていく上で大きな役割を果たすといえよう。

第3章「学校資料で地域の歴史を語る」では、まず明治初年の小学校創立期の学校史叙述を検討し、以下、学校日誌や校友会誌などを利用して学校の歴史や地域の歴史を語る事例を取り上げる。さらに視野を転じて、日本統治時代の台湾における学校資料の保存・活用の事例を紹介し、学校資料の地域資料としての意義を再確認する。地域資料として学校資料を活用するにあたっては、学校資料を用いた地域史研究の蓄積が重要となる。

結果的に、本書論考の多くは公立の小学校を取り上げたものとなった。ただし、適宜、中学校・高等学校や私立学校等の事例を加え、地域に所在する多種多様な学校と学校資料について考えることができるように配慮した。

また、本書のねらいに合わせて3つの章に分けたが、執筆者の多くは実際に学校資料の保存・活用に携わった経験を有しており、その知見は個々のカテゴリー内で完結するものでもない。各論考は個々の地域や学校特有の問題を含む貴重な実践例であるため、章を跨いで言及していただいている。

学校資料を取り巻く課題を解決することは容易でないが、まずは、学校教職員、自治体職員、学芸員や専門員、研究者、地域住民といった多様な分野・立場に身を置く人びとが対話する場を設けることが重要と考える。本書はそのような架け橋となるべく企画したものである。

現実として、学校資料を一つの自治体の一つの部署が責任をもって引き受けることは、とても困難を伴うものである。さまざまな立場の人びとが、認識を共有し議論をすることは、このような現実的問題を克服し、学校資料の明るい未来へと繋げることができるものとなろう。本書がその一助となれば幸いである。

なお、地域資料としての学校資料を論じるならば、"学校が保存する地域資料"と"地域史のなかの学校"という二つの観点から議論を深めていく必要がある。本書では、前者を重点的に扱ったため、後者について取り上げることができなかった。今後の課題としておきたい。

地方史研究協議会 企画・総務小委員会
『学校資料の未来』刊行プロジェクトチーム

（文責：工藤航平）

第1章

学校資料とはなにか

学校組織文書と公文書館
——学校アーカイブズの視点から——

嶋　田　典　人

はじめに

　公文書館・博物館・図書館は、公文書館法、博物館法、図書館法など、それぞれ依拠する例規が異なるので、施設間で業務内容に差異があるのは、当然のことである。そのなかで連携をとっていくことは、大切なことである。一方、都道府県と市区町村との連携など、公文書管理、公文書館における連携などを強めていくことも必要になってくる。

　学校アーカイブズの先行研究としては、小学校を対象に述べた田村達也「小学校資料論—かつて小学校は地域のセンターであったという視点から—」[1]、鈴木教郎「小学校資料の保存と活用について—茨城県立歴史館における小学校所蔵教育資料調査事業を中心に—」[2]、山本幸俊「学校統廃合と学校アーカイブズの保存—新潟県の事例を中心に—」[3]がある。

　現用の文書・記録管理とアーカイブズの関係では、大蔵綾子「わが国の公立学校における制度としての文書管理の現状と課題」「わが国の公立学校における記録管理の人的側面をめぐる現状と課題」[4]がある。

　学校経営とアーカイブズの関係については、湯田拓史「アーカイブズを活用した教育経営の可能性—公文書管理法施行後の「学校文書」の保存・管理の意義と課題」[5]がある。

　本稿は、学校アーカイブズの視点から、学校組織文書（公文書）と公文書館、他施設との連携等について述べる。なお、本稿でいう「学校組織文書」とは、学校という機関（組織）が作成または取得した組織文書としての公文書である。

1 公文書・公文書館・学校アーカイブズ

1-1 公文書とは、公文書館とは

昨今、公文書管理をめぐる諸問題が多く見られる。公文書について議論する時に、用語の定義をしておく必要がある。公文書等のうち行政文書は、行政機関の職員が職務上作成・取得した文書・記録で、組織的に用いるものとして、行政機関が保有するもの（「公文書等の管理に関する法律」第2条第4項など。以下「公文書管理法」とする。）と定義しておく。

また、公文書館について定めている公文書館法では、その第2条において、「公文書等」について「国又は地方公共団体が保管する公文書その他の記録（現用のものを除く。）」、第3条・第4条では、「歴史資料として重要な公文書等」と記されており、公文書館には「公文書」が必須であることがわかる。この点が、歴史資料保存施設（博物館・図書館・歴史資料館など）との違いである。

第2条中の現用（現用文書）とは、保存期間（年限）内の業務に利用され得る公文書であり、公文書管理法では行政文書としている。この現用文書が保存期間満了後、非現用文書となる。30年・10年・5年保存文書などの有期限保存文書は、保存期間満了後すべて廃棄するのではなく、公文書館に移管（公文書館で評価・選別）する。そして、非現用文書の「歴史資料として重要な公文書」として公文書館で永久保存する。

これに対して永年保存文書は、有期限保存文書ではなく、いつまでも現用文書であり続けることになる。地方公共団体の現用文書は情報公開条例による公開請求対象となるが、公文書館に保存されている公文書とは異なり、「時の経過」が考慮されない点が見られる。

1-2 公文書と学校史編纂

筆者の経験上、自治体史編纂・学校史編纂（例：地元小学校の学校史に加えて地域（学区）史）で公文書が使われにくい。特に現代史（戦後、特に高度経済成長期以降）の記述においては、その傾向が強い。すでに公文書が廃棄さ

れているか、存在していても情報公開条例による開示請求が必要な現用文書（永年保存文書など）である。筆者はボランティアで丸亀市立 城 乾小学校の学校史編纂・執筆に従事し、2011（平成23）年2月、丸亀市立城乾小学校創立百周年記念誌『城乾百年のあゆみ』(6)を刊行することができた。その後、城乾小学校を題材にして別稿(7)でも論述しているので参考にされたい。

学校日誌は保存期間5年の法定文書である。そのために、『城乾百年のあゆみ』編纂時に、同校の遠足の毎年の学年別行先表は、保存期間満了の学校日誌を基に、期間内は校長に聞き作成した。

『城乾百年のあゆみ』の構成は以下のようである。

第1章　学校の歴史

　第1節　近代

　　1　明治・大正期の学校

　　2　昭和戦前期の学校

　　3　昭和戦中期の学校

　第2節　現代

　　1　終戦後の学校（昭和20年〜30年）

　　2　高度経済成長期以降（昭和31年〜現在）

第2章　地域の歴史

　第1節　西汐入川に沿って

　第2節　新堀の湛甫から金毘羅街道に沿って中府口へ

このうち筆者は、第1章第1節と第2節1、第2章第1節を担当した。筆者担当分には、引用・出典・根拠を明記したが、そのなかで、学校日誌が最も多い。

1-3 アーカイブズとは

アーカイブズとは、公文書館または記録資料の意味である。公文書館法には現用を除くとあるので、非現用文書が対象となり、現用文書のレコード・マネジメント（記録管理）とは区別される。

公文書のライフサイクルは、現用文書から非現用文書（歴史資料として重要な公文書）へ。「川上」から「川下」へ、すなわち記録管理からアーカイブ

14　第1章　学校資料とはなにか

ズへ、公文書が公文書館に的確かつスムーズに移管されることが肝要である。

　永年保存文書を30年保存文書に替えることによって、保存期間満了後、公文書館に移管することが可能になる。

　記録資料は、組織(機関)アーカイブズ(歴史資料として重要な公文書)と、収集アーカイブズ(古文書、地域資料、民間所在資料、個人アーカイブズ、地域の組織・団体アーカイブズなど)に2区分されている。

　地方公共団体にとって自らの記録資料とは、組織アーカイブズとなる公文書ということになる。

　他方で、出所が、もともと地方公共団体自らのものではなく、他所から収集したものがある。古文書、地域資料などの呼称の収集アーカイブズである。

　なお、アーカイブズ学界では、公文書を含まないこの資料を「地域資料」という用語で使用定着しているので、筆者はかつて、地域に存在する公文書と地域資料を包括して「地域記録」という語を用いて論文(8)の表題にしている。また、別稿では「公文書と地域資料」として区分して表題にしている(9)。つまり「地域記録」イコール「地域資料」ではない、という立場である。

2　公文書管理

2-1　公立学校の公文書管理

　筆者は、県立学校教員のほか、県教育委員会文化財管理担当(行政職)の勤務経験がある。現在は香川県の知事部局に属する文書館の主任専門職員(行政職)で、地方公務員法第32条(10)にあるように、例規(公文書管理条例等)に従い職務を遂行しており、本稿も、行政職からの視点で考察してみた。

　学校の公文書は、学校管理職・事務部(行政職)保管と、教員(教育職)保管のものに分かれ、公文書としては大きく「起案・決裁文書」と多種多様な「生活・活動記録」が存在する。ただ、教員は「起案・決裁文書」を作成する機会は少なく、多種多様な「生活・活動記録」の作成が中心となる。

　地方公共団体(公立学校も含まれる)の公文書管理上、必要なことは次の通りである。

現用文書の記録管理からアーカイブズ(記録資料)へという、公文書のライフサイクル確立が必要である。そのためには、①保存期間満了後の評価・選別、②恣意的廃棄の防止(勝手に棄てさせない。公文書館が判断。公文書館に廃棄権がある)、③保存期間満了後の的確かつスムーズな移管ができる「受け皿」としての公文書館とその例規が必要(香川県立文書館条例のように、公文書館設置条例に基づく公文書館であることと、公文書管理条例が必要である)。

公文書管理条例は、規則・規程レベルのものとは違い、行政(首長)に改正権がない。議会で制定されるもので重みがある。香川県内では、三豊市文書館・高松市公文書館があり、両市には公文書管理条例がある。

2-2 香川県立文書館と公文書管理条例

「公文書管理法」では、第34条で、地方公共団体の文書管理について努力義務として定めている(11)。

以下、「香川県公文書等の管理に関する条例」をみてみる。

第1条で目的が規定されており、公文書が「県民共有の知的資源」であることや、「行政文書の適正な管理」、「歴史公文書等の適切な保存及び利用等」、「行政が適正かつ効率的に運営」、「現在及び将来の県民に説明する責務」(説明責任)などが規定されている。

第2条の定義には、以下の5項がある。第1項では、知事・教育委員会など12の行政機関が条例の適用対象であることを記す。

順序どおりではないが、先に第5項を見てみよう。第5項は、「この条例において「公文書等」とは」として、前記の「行政文書」「特定歴史公文書等」を掲げる。

第2項では、現用文書である「行政文書」の規定をし、「ただし、次に掲げるものを除く」として、以下の3種を掲げる。(1)公報・白書・新聞・雑誌・書籍など、(2)「特定歴史公文書等」、(3)「香川県立文書館等において、歴史的若しくは文化的な資料又は学術研究用の資料として特別の管理がされているもの」。

第3項は「歴史公文書等」の定義である。ここでは、次に挙げるような

16 第1章 学校資料とはなにか

「重要な情報が記録された文書」として、(1)「県の機関の組織及び機能並びに政策の検討過程、決定、実施及び実績」、(2)「県民の権利及び義務」、(3)「県民を取り巻く社会環境、自然環境等」、(4)「県の歴史、文化、学術、事件等」に関する文書を掲げ、最後に(5)として「歴史資料として重要な情報が記録された公文書その他の文書」が規定されており、その適用に幅を持たせることになっている。

　第4項は、「歴史公文書等」のうちの「特定歴史公文書等」の定義である。ここでは、行政機関、議会から文書館に移管されたもののほか、「法人その他の団体(県を除く)又は個人から文書館に寄贈され、又は寄託されたもののうち、公文書に類するものとして知事が指定するもの」とされる。すなわち、香川県立文書館での古文書のなかから特定歴史公文書等になり得るものがあることが規定されているのである。

　そこで次に、古文書取扱要領および文書館規則をみてみよう。

　香川県立文書館古文書取扱要領の古文書収集基準(収集の対象)第1条では、古文書を「有史から現在までの香川県内の地域に関係」するものとしている。他所からの「収集アーカイブズ」はすべて古文書である。

　香川県立文書館規則第2条(業務)の(7)には、「公文書等管理条例第2条第2項に規定する行政文書の管理を行うこと。」とあり、行政文書(現用文書)の管理も香川県立文書館が担っている。また香川県行政文書管理規程第52条では、総務事務集中課長から文書館長に、行政文書の「集中管理書庫」(文書館内の現用書庫)での管理委任がなされている。

　ここでまた「香川県公文書等の管理に関する条例」に戻ろう。第13条第2項では「時の経過」の概念が示されており、「特定歴史公文書等が行政文書として作成又は取得されてからの時の経過を考慮する」とし、「香川県公文書等の管理に関する条例に基づく利用請求に対する処分に係る審査基準」が定められた。これに基づき、公開・非公開の審査を行っている。

　同条例第27条は「利用の促進」について以下のように規定している。

　　第27条　知事は、特定歴史公文書等(第13条の規定により利用させることができるものに限る。)について、展示その他の方法により積極的に一般の利用に供するよう努めなければならない。

条例に「特定歴史公文書等」「展示」と明記されている限り、これは「公文書館でしなければならない業務」であって、それを専門職員が中心となって行う。閲覧利用促進のための展示で、いわば「ショーウインドー」的な特徴を持つと考える。その公文書(特定歴史公文書等)を用いた展示の一例を次に挙げる。

香川県立文書館の企画展示のうち、2018(平成30)年4月10日から6月24日にかけて「香川県の挑戦　昭和のビッグプロジェクト3─瀬戸大橋と記録資料─」と題して行った展示は、1988(昭和63)年4月10日の瀬戸大橋開通からこの年が30周年にあたることから、当館所蔵の約3,000点に及ぶ瀬戸大橋の記録資料(アーカイブズ)のなかから公文書・行政資料を中心に、瀬戸大橋に特化して、大規模事業の完成に至る経緯・関連事業等を広く紹介した。期間中3,117名の観覧があった。

瀬戸大橋関連の展示は、前後して、香川県立ミュージアム分館(瀬戸内海歴史民俗資料館)や香川県立図書館でも行われており、香川県立文書館の公文書中の写真、行政資料である県の広報誌にある年表から作成したデータをそれぞれに提供している。公文書、行政資料についての博物館(Museum)・図書館(Library)・公文書館(Archives)のMLA連携ができた事例である。

こうして公文書管理条例ができると、行政職員は、条例に従い文書管理が職務の一環として遂行されることとなる。

現在、香川県内市町では高松市・三豊市以外は、文書管理に関しては規則・規程レベルにとどまっており、その規則・規程においても公文書館法にいう「歴史資料として重要な公文書等」の保存についての規定があるのは多くない。つまり、文書の保存期間が満了したら、これらは評価・選別されることがなく、廃棄される恐れがある。

2-3 公文書館と学校アーカイブズ

「学校アーカイブズに関する調査」の結果が、全国歴史資料保存利用機関連絡協議会のホームページに掲載されている[12]。

学校アーカイブズの捉え方としては、①公文書としての学校アーカイブズと公文書のライフサイクルによる移管を考えること、②簿冊の「法定文書」

18 第1章 学校資料とはなにか

「起案・決裁文書」「会議録」など重要な公文書以外にも、多種多様な「生活・活動記録」の存在に注意すること、③急速な学校統廃合への対応が必要。「散逸する恐れ」があるので収集に努めること、である(13)。

「重要な公文書」には、①生徒指導要録、学校日誌、職員会議録、教育委員会などとの収発文書、②学校統廃合・学科再編・学校改革・学区再編に関する文書、③建物取り壊しと新築・改築、校地拡張などに関する文書がある。「生活・活動記録」には、④学校だより、学校新聞、運動会プログラム、給食のメニュー表、⑤写真・刊行物、⑥学校要覧、学校周年記念誌がある。また、⑦実業高校の特色のあるもの、⑧門札・バッジ・公印などのオリジナルなモノ資料(14)などが挙げられる。学校に残されている古いオルガンなどは対象外であり、モノ資料の収集は限定的である。

「香川県公文書等の管理に関する条例」第2条第2項には、公文書等のうち「行政文書」については、「行政機関の職員が職務上作成し、又は取得した文書(図画及び写真(これらを撮影したマイクロフィルムを含む。以下同じ。)並びに電磁的記録(電子的方式、磁気的方式その他人の知覚によっては認識することができない方式で作られた記録をいう。以下同じ。)を含む。)」とあり、行政文書のなかに写真(15)が含まれている。

刊行物でも、職員が職務上利用した形跡(書き込みやメモ等の挟み込み)がある場合がある。このようなものは「職務の証」(16)としての公文書として扱うことが可能である。また公文書に添付されているパンフレットなども、広く普及している行政資料(行政刊行物等)と区別して考えたい。

モノ資料も含めた学校資料全体を取り扱う考え方(学校資料論)は、冒頭で述べたそれぞれの例規に規定された施設ごとの役割や、職責の違いがあり、それを公文書館やその職員に当てはめるのは困難である。公文書館職員である筆者は、例規・組織・制度に立脚した現実的公文書館論ともいうべき業務論から「学校アーカイブズ」を論じている。その上で、いわゆる「べきだ論」(17)の立場ではない「学校資料」を扱う施設・職員との交流や業務連携は必要と考えている。

香川県立文書館の学校アーカイブズの業務実績は、2006(平成18)年度1校、2008(平成20)年度2校、2016(平成28)年度4校の、県立学校(高校)統廃合に

ともなう収集(18)がある。また2016年度には、この2006年度と2008年度の3校から収集したものを用いて学校アーカイブズの企画展示をし、教育委員会主催教頭研修会で「記録管理とアーカイブズ」の講話を行った(19)。そこでは「記録管理」について筆者が担当した。

「現用文書の記録管理（レコードマネジメント）なくして非現用のアーカイブズなし」である。「記録管理からアーカイブズへ」として、学校アーカイブズは公文書のライフサイクルとして捉える。過去の古い文書の保存・利用にとどまらない、現在の、それも最も新しい作成段階から保存期間満了までの公文書（現用文書）の適切な管理(20)をすることが重要である。それが、満了後、現用性のあるものは現用文書として保存期間を延長し、現用書庫で引き続き保存すること、現用文書の適切な管理をすることが、将来へ遺すべき文書の重要性と歴史資料性を見極め、期間満了後、公文書館に移管することに繋がり、将来世代のために永久保存する公文書となるのである。

3　写真アーカイブズ

3-1 アーカイブズウォーク

上記の城乾小学校に隣接し、城乾コミュニティセンターがある。丸亀市街地の城乾コミュニティ（校区）がエリアである。小学校とコミュニティセンターは「地域の要」となる施設であり、行政機関である城乾コミュニティセンターは、学校記念誌編纂時にも、協力的で、記念誌中にはコミュニティ活動に関する頁もある。さまざまなコミュニティ活動が学校施設を用い、行われているなど、小学校とコミュニティセンターは「車の両輪」である。城乾コミュニティセンターは旧村役場ではなかったので、旧村役場文書は保管していないが、現在コミュニティセンターや出張所になっている建物には、かつての村役場で、旧村役場文書を多く保有して場合もある(21)。

一般的には、小学校とコミュニティセンター・出張所は、公文書の保管を共通としており、行政文書（現用文書）を持つ。また、それぞれ、昭和期以前の学校アーカイブズの範疇に入ると考えられる公文書、上記のごとく旧村役場文書などの古い公文書を持つ所も存在する。

写真1　海水浴場風景(城乾小学校蔵)

　香川県立文書館では、城乾コミュニティ(校区)を中心にアーカイブズウォークを実施した。アーカイブズウォークとは、香川県立文書館が2017(平成29)年度に初めて行った企画である。アーカイブズ(記録資料)を手に現地を訪ね、歩き、より深く地域の歴史を学ぼうというものである。第1回は「資料を手に屋島・牟礼の源平史跡を巡ろう」と題して、高松市内で行った。文書館の古文書担当専門職員が企画、当日は筆者も同行した。

　第2回は筆者が企画し、2018(平成30)年3月25日「資料を手に近代の丸亀を巡ろう」と題して、JR丸亀駅からJR讃岐塩屋駅までを2時間で約3km歩いた。昭和40年代(1965～)まで塩づくりが盛んであった丸亀市塩屋町や新浜町を中心とする塩田跡地を訪ね、第一次世界大戦時のドイツ兵俘虜収容所となった寺院、北海道移住に関係する人物(22)の石碑などを現地に行き見学した。参加者には、写真や公文書のアーカイブズを見たり読んだりするなかで、近代の地域の様子を知り、その移り変わりを感じてもらうことができたと考えている。ドイツ兵俘虜収容所となった本願寺塩屋別院は城乾コミュニティ内ではないが、俘虜将校の収容所跡地が城乾コミュニティ内にある。他の見学地は同コミュニティ内にある。

　当日持参の写真アーカイブズは、上記『城乾百年のあゆみ』の筆者執筆分に掲載した複数の写真をパネル化(A3判)したものである。『城乾百年のあゆみ』使用の写真には、学校にあった写真と、学校以外の団体・個人が撮影し提供した写真を筆者が許可を得て接写したものとがある。学校にあった写真は、公文書(簿冊)の添付写真、アルバムの写真、袋に入れられていたものなど、様々である。

　写真1は学校にあった海水浴場の写真で、大正期以前の城乾尋常高等小学

校時代のものである。写真2と3は、学校にあった以外のもので、戦前期の蓬萊塩田南側運河の絵葉書写真と、1975(昭和50)年頃の運河埋立中の様子がわかる個人撮影写真で、同一場所での時系列写真であり、地域の変貌ぶりがわかる地域資料である。

写真2　塩田南側運河絵葉書(個人蔵)

また、北海道に関係する人物の石碑の所では、写真アーカイブズではないが、丸亀から北海道への1882(明治15)年の移住者名などの掲載がある北海道立文書

写真3　塩田南側運河埋立(個人蔵)

館の公文書をデジタル撮影したものを基に、資料解説をした。

他のポイント地点での説明時には、解説文を手渡し、現地と関連する学校や地域の写真アーカイブズを示して説明した。

3-2 コミュニティセンター出張展示

2018(平成30)年6月3日、香川県立文書館にとっては初めての出張展示である「城乾コミュニティ ふるさとの写真アーカイブズ展」を、城乾コミュニティセンターを会場に開催した。これは、上記3月25日のアーカイブズウォークを踏まえてのものである。当日の展示解説は筆者が行った。なお当日は、同じコミュニティセンター内でコミュニティの「ふれあい祭り」が行われていた関係もあってか、その1階フロアーでの出張展示には201名の観覧があった。

仮に、このような時と場所で、香川県立文書館内の展示室で展示するような古文書展を開催しても、観覧者はごく少なかったであろう。当日の会場の

雰囲気から考えて、住民に親しみやすい写真という展示素材を用いたのが、成功の理由であったと思われる。

この出張展示会場では、アーカイブズウォークの際に用いた写真や、『城乾百年のあゆみ』掲載の写真を展示した。それは地域（コミュニティ）の歴史がわかる写真アーカイブズである。

具体的には、丸亀市新浜町の塩田風景、2代目と3代目の丸亀駅写真、初代の丸亀駅跡などの新旧の写真などで、写真アーカイブズにより、近代以降の地域の様子、変遷がわかるように工夫した。そのほか、アーカイブズウォーク時の活動の様子がわかる写真など、合わせて29点展示した。

学校アーカイブズとコミュニティアーカイブズは、それぞれ公文書であり、地域資料ということである。それらが「地域記録」として地域で利活用されるようになればよいと思う。

筆者は、丸亀市の文化課や文化財保護室を通して、資料館等の公共施設にも、アーカイブズウォークや出張展示のチラシ等を配付し、市民へ呼びかけた。このような地道な作業が、丸亀市の文化行政に少しでも貢献できるのではないかと考えている[23]。学校史編纂から、今回のアーカイブズウォークや出張展示の実施にいたるまでには、何よりもコミュニティ会長、コミュニティセンター所長をはじめ地元の市民の協力があった。このような地域連携なくしては、できないことである。

3-3 地域記録としての写真アーカイブズ

行政（コミュニティセンター・学校）由来であろうが、地域（団体・個人）由来であろうが、「市民」にとっては展示された写真アーカイブズであることには変わりはない。所蔵者・提供者を明示することで両者は区分できる。これらのなかには絵葉書の写真がある。絵葉書は本来出回っているものであるから、複数枚が確認でき、同一絵葉書の出所が行政由来と地域由来の2ヵ所の場合もある。なお、これら絵葉書が時として話題性を持つ場合もある[24]。

行政（城乾小学校）由来の中で城乾コミュニティ内の地域を表す写真は、上記で紹介したもののほかに、昭和40年代頃であろうか道路工事の写真には学校周辺の様子が写っているし、交通安全指導のための通学路の写真には踏切

を通過する汽車などが確認できる。これらの写真が学校で死蔵されている状態では、学校史編纂など特別なことが無い限り「市民」の目に触れることはない。

組織アーカイブズ（公文書）としての学校アーカイブズを「市民」がもっと利活用できるようにするためには、公文書を保存するための公文書館が必要である。そして、情報公開条例による現用文書の情報公開ではなく、非現用文書（歴史資料として重要な公文書）として、「時の経過」を考慮した「市民」への公開の幅を広げ、閲覧の垣根を低くすること、そのために公文書管理条例を制定すること、そして公文書館に公文書が的確かつスムーズに流れてくる「公文書のライフサイクル」を作ること、このように保存し利活用できうる例規・組織・制度を作ることが必要である。

また、「公文書は「市民」のもの」を前提に「市民」向けにこれらを紹介するアーカイブズ講座も積極的に行う必要があろう。2018（平成30）年7月4日に筆者は、丸亀市民対象に「公文書・地域資料と公文書館」(25)と題して話す機会があった。その際にも写真アーカイブズを示し、公文書と地域資料を区分しながら話をして(26)、上記の「学校に埋もれていた」海水浴場の写真も公文書として示した。

一方、地域資料は博物館・図書館・歴史資料館等で手厚く保存されてきた経緯がある。それら資料のなかには写真など近現代の地域資料も多くある。これらの地域資料については、従来通りそれぞれの施設等で保存し公開し、住民に利活用されるとよい。

公文書館が地域資料としての写真を収集する際に、原物の写真そのものは団体や個人が所蔵し、それを公文書館がデジタル撮影によって収集を行う方法がある。さらにそれを紙媒体にすれば、原物同様に保存できる。また許諾を得て利活用（閲覧や展示）することもできる。デジタル化による地域資料の共有、これは団体・個人だけでなくMLA間でも行える。先述の香川県での公文書・行政資料によるMLA連携の事例も、デジタル画像共有であった。学校内資料館があるならば、そこともデジタル画像共有ができる。

複製物保存は、原本（原物）保存を補完する方法として有効である。また、利用促進のためにもなる。そして、この度のアーカイブズウォークや出張展

24 第1章 学校資料とはなにか

示のように、コミュニティで、さらには市町・県で写真アーカイブズを使用することになれば、地域連携をますます促進することとなろう。

おわりに

以下、本稿で述べたことをまとめておこう。

①地域資料だけでなく公文書も、保存・利活用すべきである。この双方があって豊饒なアーカイブズになる。公文書保存は公文書館にとって「必須」である。学校や歴史資料保存施設、文化行政・文化財課にとっても公文書理解は必要で、公文書館とそれら組織との「分業と協業」を実行・実現していく。

②例規・組織・制度を安定化し、実行性・実現性を図る。具体的には学校の記録管理から公文書館のアーカイブズへという道筋をつけるべきで、現用文書から非現用文書(歴史資料として重要な公文書)への移管など公文書のライフサイクルなどを定めた例規が必要で、そのための整備(公文書管理条例)と「受け皿」としての組織体制の整備(公文書館設置条例による公文書館)が必要となる。さらに「川下」(公文書館)から「川上」(教職員)への働きかけなどである。

③遠い「過去」の文書を保存・利活用するだけでなく、「今」の文書・記録を将来世代のために遺す。そのための「架け橋」の役割を果たす。「将来へ向けての保存」は、物理的措置等、さまざまな手段・方法で対応し(特に統廃合)、資料整理、目録作成、デジタル化(原本と複製物保存・利活用)などによって着実に成果をあげていく必要がある。

註

(1) 田村達也「小学校資料論―かつて小学校は地域のセンターであったという視点から―」(『鳥取県立公文書館研究紀要』1、2005年)。

(2) 鈴木教郎「小学校資料の保存と活用について―茨城県立歴史館における小学校所蔵教育資料調査事業を中心に―」(『平成22年度公文書館専門職員養成課程修了研究論文集』国立公文書館、2011年)。

（3）山本幸俊「学校統廃合と学校アーカイブズの保存―新潟県の事例を中心に―」（『記録と史料』22、全国歴史資料保存利用機関連絡協議会、2012年）。

（4）大蔵綾子「わが国の公立学校における制度としての文書管理の現状と課題」（『レコード・マネジメント』55、記録管理学会、2008年）、同「わが国の公立学校における記録管理の人的側面をめぐる現状と課題」（『レコード・マネジメント』56、記録管理学会、2008年）。

（5）湯田拓史「アーカイブズを活用した教育経営の可能性―公文書管理法施行後の「学校文書」の保存・管理の意義と課題」（『活水論文集』57、活水女子大学健康生活学部、2014年）。

（6）丸亀市立城乾小学校創立百周年記念誌『城乾百年のあゆみ』22～48・72～96頁、丸亀市立城乾小学校創立百周年記念事業実行委員会編集・丸亀市立城乾小学校発行、2011年）。

（7）拙稿「学校アーカイブズの保存と利用―「記録管理」から「アーカイブズ」へ―」（『レコード・マネジメント』65、記録管理学会、2013年）、同「学校アーカイブズの地域保存と住民利用」（『アーカイブズ学研究』21、日本アーカイブズ学会、2014年）。

（8）拙稿「地域記録の作成・保存・利活用―法整備と組織体制・運営―」（『レコード・マネジメント』69、記録管理学会、2015年）。

（9）拙稿「公文書と地域資料の保存・利活用―香川県旧本島村製錬所設置計画の「意思決定過程」に着目して―」（『レコード・マネジメント』70、記録管理学会、2016年）。2017年8月6日、横浜市歴史博物館で地方史研究協議会主催の学校資料シンポジウム「学校資料の未来―地域資料としての保存と活用―」が開催された。趣旨としては「学校に所在するさまざまな資料が地域の歴史を物語る地域資料でもあるという点に着目し、学校資料を捉え直してみたい」とし、地域資料のなかに学校資料を位置付けている。筆者（嶋田）を含め3本の報告があった。筆者は「公文書管理・公文書館と学校アーカイブズ」と題して報告した。学校アーカイブズは公文書であることに立脚して話をし、筆者の考える地域資料と公文書は別のものとしての立場で話をした。註（8）に同じ、「地域記録」を全体概念として話した。

（10）地方公務員法（法令等及び上司の職務上の命令に従う義務）
　　　第32条　職員は、その職務を遂行するに当つて、法令、条例、地方公共団体の規則及び地方公共団体の機関の定める規程に従い、且つ、上司の職務上の命令に忠実に従わなければならない。

（11）公文書管理法（地方公共団体の文書管理）

26 第1章 学校資料とはなにか

第34条　地方公共団体は、この法律の趣旨にのっとり、その保有する文書の適正な管理に関して必要な施策を策定し、及びこれを実施するよう努めなければならない。

(12)「学校アーカイブズに関する調査報告」としては2017年3月に全国歴史資料保存利用機関連絡協議会(全史料協)調査・研究委員会ホームページで公開。

(13)「独立行政法人国立公文書館寄贈・寄託文書受入要綱」第2条(受入基準)の3では、「国の機関の統合、廃止又は民営化等によって歴史公文書等が継承されることがなく、散逸する恐れが極めて高いもの」としている。香川県立文書館では、「文書等の寄贈及び寄託受入実施要領」第1条(趣旨)での「公文書、古文書その他の歴史的な資料の寄贈及び寄託を受ける手続き等」により行っている。

(14)「モノ資料」は、あくまで記録資料(アーカイブズ)で、原本性(一点しかないもの、オリジナルなもの等)を重視することから、玄関設置の校名入りの看板や学校印(公印)などの「行政物品」としての「モノ資料」は収集した。拙稿「香川県立文書館と学校アーカイブズ―よりよい保存と利活用のために―」(『香川県立文書館紀要』20、香川県立文書館、2016年)に詳しい。なお、学校アーカイブズや「モノ資料」も含む「学校資料」については、富田健司「学校資料の行方」(『歴文だより』95、栃木県歴史文化研究会事務局・栃木県立博物館内、2015年)と「学校資料保存の普及をめざして」(『学習院アーカイブズニューズレター』6、学習院大学、2015年)参照。

(15) 写真は、「香川県公文書等の管理に関する条例」第2条第3項の「歴史資料として重要な情報が記録された公文書その他の文書」の規定などにより、該当するものを評価・選別する。

(16) 大濱徹也「職務の証を遺し伝える営み―現在、文書館アーカイブズが問われること―」(『香川県立文書館紀要』19、香川県立文書館、2015年)。

(17) 和崎光太郎「「学校の文化資源」研究序説―学校史料論の総括と展望―」(『洛北史学』20、2018年)28頁、和崎光太郎・小山元孝・冨岡勝「学校史資料論の構築に向けて―活用と分類・学校統廃合・アーカイヴズ―」(『近畿大学教育論叢』28-2、近畿大学教職教育部、2017年)107・108頁(和崎執筆)にある和崎の論考は、「べきだ論」とは真逆の、京都市学校歴史博物館業務の実践・理論である。このほか、和崎の論考には「学校所蔵史料の保存と活用―京都市を事例として―」(『日本歴史学協会年報』31、日本歴史学協会、2016年)、同「学校歴史資料の目録と分類」(『京都市学校歴史博物館研究紀要』6、2017年)などがある。

(18) 註(13)に同じ。

(19) 拙稿「公文書管理条例・公文書館と行政機関」(『レコード・マネジメント』71、記録管理学会、2016年)。

(20) 学校の公文書で現用文書の段階では、いわゆる「法定文書」(「法定表簿」)としての保存期間が定められている文書もある。

学校教育法施行令第31条で、指導要録、健康診断の表簿について定めがある。

学校教育法施行規則第28条では、

1 学校に関係のある法令

2 学則、日課表、教科用図書配当表、学校医執務記録簿、学校歯科医執務記録簿、学校薬剤師執務記録簿及び学校日誌

3 職員の名簿、履歴書、出勤簿並びに担任学級、担任の教科又は科目及び時間表

4 指導要録、その写し及び抄本並びに出席簿及び健康診断に関する表簿

5 入学者の選抜及び成績考査に関する表簿

6 資産原簿、出納簿及び経費の予算決算についての帳簿並びに図書機械器具、標本、模型等の教具の目録

7 往復文書処理簿

が保存文書として定められている。

なお、香川県においては、国の施行令・規則を受けて、香川県立学校の管理運営に関する規則の第26条は次のようになっている。

第26条　学校においては、規則第28条第1項に規定するもののほか、次に掲げる表簿を備えなければならない。

(1)学校沿革史

(2)卒業証書授与台帳及び修了証書授与台帳

(3)例規つづり

(4)旅行命令簿、旅行命令書留簿及び校外勤務簿

(5)休暇簿及び欠勤簿

(6)教育職員免許法(昭和24年法律第147号)第3条に規定する免許状及び教育職員免許法施行規則(昭和29年文部省令第26号)第61条の10又は教育職員免許法施行規則の一部を改正する省令(平成20年文部科学省令第9号)附則第15条に規定する証明書の写しつづり

(7)宣誓書つづり

(8)当直日誌

28　第1章　学校資料とはなにか

　　⑼児童又は生徒の賞与台帳及び懲戒台帳

　　⑽生徒等異動記録簿

　　⑾公文書つづり

　　2　前項第1号及び第2号に掲げる表簿は、常用使用するものとし、そ
　の他の表簿は、3年以上必要な期間、これを保存しなければならない。

　このように、⑴学校沿革史、⑵卒業証書授与台帳及び修了証書授与台帳が、
常用である根拠規定である。

　「法定文書」も含む現用文書は、例規による保存期間設定によって、期間
内における現用価値があり効力のある文書として、的確かつ適正に保存され
る。常用文書以外の文書は保存期間が満了したものは、香川県立文書館へ移
管するものと廃棄するものを、香川県教育委員会行政文書管理規程の別表の
「定め」により評価・選別することになっている。すなわち、「法定文書」を
含む現用文書で保存されていたものが、保存期間満了時の評価選別ではすべ
て保存されるとは限らない。

　評価選別については、拙稿「公文書管理条例施行と文書館での評価・選
別─学校アーカイブズを中心として─」（『レコード・マネジメント』67、記
録管理学会、2014年）がある。

(21)　拙稿「香川県の市町村公文書の保存と管理─歴史的公文書を中心とし
　　て─」（『記録と史料』20、全国歴史資料保存利用機関連絡協議会、2010年）。

(22)　北海道移住に功績のあった三崎亀之助（衆議院議員など歴任、北海道の京
　　極農場に関係）。

(23)　筆者（嶋田）は、丸亀市の文化財保護審議会と文化振興審議会委員として文
　　化財も含む文化行政にも参画している。公文書館行政とは全く別の立場での
　　参画である。

(24)　丸亀市は、女子サッカー発祥の地とされている。その根拠となったものは、
　　丸亀高等女学校の生徒が袴姿でサッカーをしている大正時代の「絵葉書」で、
　　その写真は、現在の丸亀高校所蔵のものと、個人から丸亀市立資料館が収集
　　したものがある。詳しくは、註⑻参照。

(25)　2018（平成30）年6月から、丸亀市の行政管理課分室を別名歴史的公文書整
　　理室としている。公文書館設置が望まれる。

(26)　加藤聖文「公共記録としての民間文書─地域共同体再生論─」（『社会変容
　　と民間アーカイブズ　地域の持続へ向けて』国文学研究資料館編、2017年）第
　　4章で、公文書について、「自治体内部における政策の立案・決定・実施の
　　過程を理解している市民は極めて少ない。市民にとって自治体行政の仕組み

は分かりづらく、自治体の政策形成に関与することは容易ではない」(88頁)
とし、住民の行政参加の必要性を述べている。

　また加藤は同論文で、地域資料(「民間文書」)について、「国と国民のよう
な大きな枠組みとは異なり、地域と住民のように関係が密接な場合、住民
個々人の繋がりが地域を支える基盤となり、地域アイデンティティを生み出
す源泉となる。いわば、個々人の歴史は地域の歴史であり、地域アイデンテ
ィティ創出のためには、個々人の歴史を共有することが重要になってくるの
である」(89・90頁)、「ここで述べている歴史とは、歴史の基となる「記録」
を共用することによって紡ぎ出される多様な解釈からなる歴史である。すな
わち、解釈し認識する行為は個人の自由であって他者に強要すべきものでは
ないが、その基となる記録は、個人ではなく地域で共有し、誰もがアクセス
する自由を確保されなければならない」(90頁)としている。さらに、「そし
て、共有すべき個人の記録とは、現在居住している住民に直接関係するもの、
すなわち現住民の多くが共有している「記憶」に関わるものが最も重視され
る。逆に、何百年も過去の記録の優先順位は低くなる。理由は、その時代の
記憶を共有している現住民は少ないかもしくは皆無だからである」(90頁)と
述べている。

　出張展示である「城乾コミュニティ ふるさとの写真アーカイブズ展」に
ついては、「記録写真で時間旅行」として2018(平成30)年6月8日付け『四
国新聞』に取り上げられた。そこでは当日解説にあたった筆者(嶋田)と観覧
に来ていた住民との会話が記事になった。製塩工場があった所に大きなポプ
ラの木があったこと(写真をよく見ると写っている)、その塩田廃止(工場廃
止)後に、その木が伐採された現場に居合わせたという住民の証言があった
ことなどである。

学校資料と教員が向き合うこと
──勤務校での廃棄・保存・活用を通じて──

風 間　洋

はじめに

「校舎の西側に大型コンテナを用意しますので、不要な備品は年度末までに必ず廃棄してください」

筆者が勤務する学校は、1921（大正10）年に中学校の認可を受けてより、2021（令和3）年で100周年を迎える。これを記念して2013（平成25）年から校舎の大規模な改築工事を行うことが発表された。工事が完了すれば、外観の美しい校舎や、清潔感ある食堂、最先端のIT環境が充実した教室に生まれ変わるという。少子化による入学者の減少で、私立学校では生徒募集は切実な課題となっている。「本学に入学すると、こんなに快適な環境で勉強ができます」、学校の魅力の一つとして、受験生やその保護者に訴えなければならないらしい。

「現在の校舎も老朽化しているし、改築は仕方ないか…。それにしても日常の校務をこなしながら、備品の整理や廃棄をするのは大変。期日も迫っているし、どうしよう…」。筆者も学校からの説明を聞いた時には、この程度の感想しかなかった。そして皮肉にも、自身にとってこの改築に伴う廃棄作業が、学校資料という存在を意識する契機となったのである。

ちなみに本学は、鎌倉時代に創建された臨済宗建長寺の修行施設に前身を持つ中高一貫の私立男子校で、生徒1,400人余が日々勉学に励んでいる[1]。周囲は鎌倉の深い緑に囲まれ、また豊かな史跡が点在している。筆者は、この歴史遺産に恵まれた環境を活かして、生徒に少しでも歴史が好きになって欲しいと願い日々教育活動を行う一教員に過ぎず、アーカイブズ学や教育史の研究者ではない。ただ、後述するように学校資料に関する博物館学芸員や研究者の発言・提言が多いのに対し、肝心の学校教育に携わっている現場教

員からの声が圧倒的に少ないように思われる。自身の勤務校の中で得られた乏しい事例を紹介することも、まんざら無意味ではないと考え、ここに報告してみたいと思う。

そもそも学校資料とは一体何なのだろう。これまでまとまった先行研究も少なく、自身が明確な定義づけなどする能力も持ちあわせていないが、諸先学に拠りながら大まかにいえば、「学校教育活動の延長線上に生ずる資料」、「学校運営上で生ずる資料群」であるという[2]。具体的には、学籍簿や学校沿革史、職員日誌や学校経営要覧などの文書類、卒業アルバムや学校だより、校内に建つ記念碑、校旗、クラブの備品、卒業生や地域住民から寄贈された美術品・記念品などの総体をいう[3]。このように学校資料の包括する分野はあまりにも多岐にわたるのである。

その中で文書類については寺崎昌夫氏が「学校教育文書」として分類を試みており[4]、近年は被災地の学校に遺された文献資料の保存と分析を大平聡氏らが精力的に行っている[5]。また、民俗学的分野では、羽毛田智幸氏らを中心とした横浜市歴史博物館によって、市内の小学校に所蔵されている古い農器具などの民俗資料の調査・整理と再活用の支援事業が続けられている[6]。また、後述するように九州国立博物館をはじめ高校所蔵の考古遺物にも注目が集まってきた[7]。

学校資料を研究対象と考えると、当然それぞれの研究者が自己の専門分野に関する学校資料を中心に分析・研究をする。そして貴重な歴史資料として学術的に位置づけられ、広く周知されるようになれば、廃棄や散逸を抑止する大きな効果があることは事実であり、保存の指針を示してもらっていることも大変貴重である。しかし、現場の教職員や在校生にとって学校で使用している書類や備品には、文献・民俗・考古資料という分野の垣根はない。日々の学校教育活動の中で生み出し続けられ、保存あるいは廃棄されている。今、使用しているものも価値や意義は後年になって変化もするだろうし、位置づけられるものだろう。本報告では、学校の教育活動で生じてきたすべての備品や書類を学校資料として捉え、今回の廃棄作業の中で偶然出会った「聯合軍最高司令部指令綴」という文献資料と、考古学部所蔵の考古遺物について、一教員の立場から紹介したい。

1 偶然廃棄を免れた「聯合軍最高司令部指令綴」

近年、学校に所蔵されている資料の価値の再評価や保存を訴える論考、博物館の学校資料をテーマにした企画展に接する機会が増えてきた[8]。これは本学の例と同様、大規模な自然災害による被災や、少子化による学校の廃校・統合による校舎の取り壊しや建て替え工事が続いているため、その際に行われる大規模な学校備品の廃棄作業が各地で起こっていることの裏返しであるという[9]。整理や廃棄をする過程で「これは何だろう？」という形で、教職員が今まで未確認であった資料の存在に気づく。そこで地元の博物館学芸員や研究者などに相談して慌てて調査してもらった結果、実はその学校や周辺地域にとって大変貴重な歴史資料だった、というケースが多い。

それでもまだ、相談があるケースは良い。多くの教職員は「学校に貴重な資料が収蔵されている」という意識はない。散逸したことすらわからないのである。本学でも改築計画が発表されたとき、職員間では工期中の授業を行う教室やクラブの活動場所の確保や運営について危惧する声があったが、学校に所蔵された書類や備品について、保存や廃棄に関する学校全体の議論はなかったと記憶している。結局、保存と廃棄の判断基準は、それぞれの教科教員やクラブ顧問、事務職員の判断に委ねられた[10]。残念ながら、本学でもそのときに多くの資料が廃棄されたのではないだろうか。

こうして慌ただしく廃棄作業が進められていくなかで、偶然にも廃棄を免れた資料として「聯合軍最高司令部指令綴」（写真1）を簡単に紹介したい。

「何か古くて大事なものではないか？」。廃棄作業中の事務室から紐で綴じられたガリ版刷りの古い紙束を見

写真1 「聯合軍最高司令部指令綴」

34　第1章　学校資料とはなにか

つけたとの連絡を受け、とりあえず歴史の教員に、と預けられた書類の束である。表紙に右端から「昭和二十年十一月起」「聯合軍最高司令部指令綴」「鎌倉中學校（公印）」、左端に「（熟覧要署名捺印）」とある。サイズは、縦39.2cm×横27.2cm、その用紙は黄色に変色劣化し、頁をめくるのにも一苦労する状態である。

　この「聯合軍最高司令部指令綴」（以下「綴」と略す）の概略については、別の機会に紹介した⑾。「綴」とは、「連合軍の占領期間にＧＨＱやＣＩＥ（民間情報教育局）からの指令・覚書・談話に基づいて作成された文部省や県などからの各種通牒を一冊にまとめたもの」で、ほぼ年代順に綴じられていることが多い。周知のように終戦後、アメリカを中心とする連合国は矢継ぎ早に教育改革の指令を出したが、これら国家レベルの教育関連文書については、既に『近代日本教育制度資料』や『終戦教育事務処理提要』などの刊本によって概観できる。しかし、この「綴」の特色は、司令部や政府で出された命令や通牒が、各都道府県を経て地域の学校レベルでどのように具体化され、受け入れられていったのかをうかがい知ることのできる教育現場の資料群であるところにある。

　本資料と同様のものは、創立を戦前に遡る県内学校には遺されていることが多く、本学だけに残る特段珍しい資料というわけではない。かつて神奈川県立教育センターでも県内学校の所蔵調査が行われ、中間報告もなされている⑿。しかし、県域全てを調査したわけではなく、その後も自治体史や教育史の編纂過程において時折発見されている⒀。本学の「綴」は、今回初めて確認されたものであり、新たな所蔵校としてリストに加えることができるだろう。

　本学は創立を大正年間に遡る歴史を持ちながら、これまで戦前や戦後間もないころの現場の状況を窺える文献資料は、管見の限りこの「綴」だけである⒁。当時の教育民生部から「右通牒は他の通牒と分別して閲覧後一括保存すること」が厳命されていた。他の書類が一切存在しないにもかかわらず、当資料だけが厳重に保存され、いつしか忘れ去られてしまって現在に至ったものと思われる。それだけに今回の「綴」の再発見は、本学の歴史上、大きな意味がある。そのため、何よりまずこれ以上の劣化を防ぐような保存対策

は講じなくてはならない。保存やその後の取り扱いに関しては、学芸員など専門家の指導や助言を仰ぐことは言うまでもないだろう。

では翻って、その学校に勤務している教員にしかできないこととは何だろう。「綴」は、戦後の役所が出した資料であるため、平易な文字で書かれている。内容も具体的でバラエティーに富んでいる。「これを見せたら、生徒たちはどんな反応をするだろう？」、「生徒への還元＝教材として活用できたら素晴らしい！」、真っ先にこれが浮かんだ。先輩の遺した資料を使って、現在学んでいる後輩が歴史を学ぶことができる。なんて贅沢なことだろう。そして不遜な言い方かもしれないが、この橋渡しができるのは、その学校に勤める教員しかいない。ただ、資料の劣化が著しいため、しばらくの間は教材として使用するのをためらっていたのである(15)。

年度末のある日、試みに普段の授業で日本史を教えている高校生（当時高校2年生）のうち、歴史好きな生徒4〜5人に声をかけてこの「綴」を見せると、彼らは表題の「昭和二十年十一月」「聯合軍最高司令部」の文字にまず驚いていた。授業では戦後の占領軍による民主化政策は学習済みなので、こちらは説明をせずに70年前の原資料を前にした生徒の反応を見守った。「これ本物ですか？」、「紙がボロボロだ」、「変な臭いがする」、その紙の劣化や臭いなどにも反応した。五感をフル稼働させて必死で資料に向き合っているのが頼もしかった。

続いて慎重に頁をめくると、通牒の内容が現れる。「修身、日本歴史及ビ地理停止ニ関スル件」などの四大改革指令に関連する指令、「武器引渡ニ対スル緊急措置ノ件」や「終戦ニ伴フ教科用図書取扱方ニ関スル件」などの戦後処理に関する指示が並ぶ。生徒たちはこの学校に70年前に武器を隠す輩がいたことがすぐには想像できないらしい。また、占領軍が「削除すべき教材」として列記した出版物のタイトルリストに興味を示す者もいる。続いて、「学校教職員ノ生徒児童ヨリ食糧収受強要禁止ニ関スル件」。これを見た生徒たちは爆笑、「ひどい教師だ」、「でもここに『近時食糧事情逼迫ニ伴ヒ』って書かれているから、食糧難で先生も生活キツかったんだよ」、こうして普段の授業ではありえない和気あいあいとした率直な感想が、小一時間も飛び交ったのである…。

36　第1章　学校資料とはなにか

　教科書上の概説だけでは得られない戦後の緊迫した状況を、生徒たちが「綴」を通して感じている。資料の迫力が、彼らに当時の緊迫した学校の臨場感を伝えてくれたのである。さらに考察を深めるならば、「綴」にある諸指令を当時の教職員や生徒がどのように受け止めていたか、知りたいところであろう。「綴」を基に他の同時代の記録や関係者の証言などが得られれば、より当時の状況を多面的に理解できる。教材として、工夫如何ではまだまだ広がりを持たせられる資料であると感じた(16)。

　これまでも、生の歴史資料の迫力を生徒に体感させるために、博物館や文書館に生徒を引率し、学芸員などの専門家からその資料について解説を受けるという博学連携の試みは、各地で行われ実践例も多い(17)。博物館側も積極的に非常に充実したワークシートやプログラムを用意している。なかには所蔵資料を貸し出してもらえる施設もある。筆者自身も博学連携の授業を実施した経験があるが、こうした試みは年間の限られた授業計画のなかで、イベント的に年に1〜2回実施するのが精一杯である。

　これに比して、学校の所蔵資料には、様々なメリットもある。まず、わざわざ所蔵施設まで出かけなくてよい。滞在時間に拘束される必要もなく、生徒一人一人がじっくり資料を観察できる。観察資料の性質にもよるが、生徒に存分に触らせてよい資料もあるだろう。そして母校や周辺地域に関する内容が多いため、生徒と資料との親近感は圧倒的に強い。これは他の追随を許さないものがある。学校資料は博物館のガラスケースなどに陳列されるような希少価値のある資料ではないかもしれないが、「その学校に所蔵されていること」で、固有の価値を有しているのである。

2　クラブの考古遺物との出会い

　ところで現在筆者は、本学の考古学部というクラブ顧問を引き受けている。この部は戦後間もない1947(昭和22)年ごろに創立した半世紀以上の伝統を持ち、かつて県内各地の遺跡の発掘などに参加していたようだ。現在は中高生が遺跡の発掘作業などには参加できなくなったため、時代を問わず歴史が好きな生徒が集まるクラブとして、幅広く研究テーマを設定し、博物館見学や

史跡踏査、学園祭での展示発表などを行っている。最近は戦国時代や幕末維新の人物や事件について調べたい、という部員が多い。そのため「考古学部」というクラブ名は、現在の活動内容には適当でないかもしれないが、伝統ある文化部ということで、名称変更せずに使用し続けている。

「とにかく存続させてくれ」。前任顧問からそれだけ言われて、満足な引継ぎもできないまま引き受けた。今の最優先課題は部員確保である。全国の考古学や歴史学系クラブの激減とその厳しい現状については、別の機会でも若干の報告をした[18]。

そしてこの小さなクラブにも今回の廃棄作業の余波は、押し寄せてきたのである。校舎4階の部室を撤去するので、考古学部は不要な備品を廃棄して新しい部室へ移動するように命ぜられた。撤去期日も迫っている。新しく用意される新部室のスペースは旧部室の1/3程度であり、旧部室の全ての備品はとても入らない。

「何やら先輩が集めた土器片が随分多いな？」。恥ずかしながら、自身も顧問を引き受けて以来この程度の認識で、部室に何が所蔵されているのか、それまで十分に把握していなかったのである。もちろん、現在活動している部員はなおさらである。とりあえず部室の半分を占めている山積みの箱をどうするか…。これが喫緊の課題であった。

撤去の期日も迫ったある放課後、部員を集めて部室にある備品についての意見交換を行った。「部室の奥に土器が詰まった箱がいっぱいあります」、「農機具の残骸かな？」、「古墳の模型がありました」、入部以来、誇りまみれの箱の中身を初めて開けた生徒たちが次々と発言する。中身をみた彼らもなんとなく、「多分大事なものだから、取っておきたい」という感覚はあるようだ。「昔は中学、高校生でも遺跡の発掘や採集ができたんだ。すごい」。全く面識もなく、彼ら現役生とは親子以上に歳の差がある先輩部員の活動にも興味を持ってくれている。

彼らも箱の中身の多くが、何十年も前の先輩が採集した縄文・弥生時代の土器片や石器が多いことがわかったらしく、議論はこれらをどうするかに移っていった。自分たちとは関係ないもの、スペースがないから処分する、といった意見が出なかったことにとりあえず顧問としてホッとした。おそらく

写真2　仮置き場に避難した土器片

彼らが歴史資料の保存と廃棄の問題を具体的に考えた初めての経験ではなかっただろうか。決して教室での授業では扱わない課題である[19]。工事で多くの学校資料が失われるマイナス面が取り上げられることが多いが、こうした機会でもないと、教員も生徒も母校の歴史やそれを裏付ける学校資料に向き合う機会がないのも事実である。結局、部員の意見は、「箱の中身の備品は廃棄せず、保管すること」に決定した。「先生、新しい部室には到底入らないので、学校にお願いして、どこかに場所を確保してください」と、部員の心意気に感動したのもつかの間、顧問に大変な宿題を押し付けてきたのである(泣)。

後日、管理職に何とか許可を得ることができ、仮置き場という条件で体育館倉庫の片隅をスペースとして確保した(写真2)。窓も開かない、湿気も多いこの場所は、保管場所としては決して良いとは言えないが、旧部室所蔵の土器片や石器、壊れている民具などが詰まった箱類を部員総出で期日までに移動を完了させた。当然この機会に遺物の整理やリストの作成などをすべきであったかもしれない。しかし、時間的・物理的にも移動期限までに余裕がない状況下、資料を緊急避難できただけでも良かったと思っている[20]。

引っ越し作業が一段落し、新学期になると、部長が「今年の学園祭の考古学展示で倉庫に移した土器片や石器を展示したい」と提案してきた。移動作業を機に先輩の収集した考古遺物に関わっていくなかで、自分たちでも何となく調べてみたくなったのだという。自発的な申し出は大変うれしかった。

今、学校所蔵の考古資料が注目を浴びている。戦後から1960～70年代の高度成長期あたりまでは、全国の高校に歴史系・考古系クラブが多数設立され、熱心な高校教員や大学教授の指導を受けながら遺跡を測量・発掘し、調査報告書なども発行する高い水準を持つ団体も存在した。かつて、日本考古学界の一端を高校の部活動が支えていた時代があったのである[21]。そのころに

採集・発掘した学術的にも貴重な考古遺物を現在も所蔵しているところもあるらしいが、考古学会でも学校所蔵の考古遺物の全容は、ほとんど把握されてこなかった。ようやく所蔵調査や再評価が進められようとしている。

例えば九州国立博物館では、「高校考古」と題する企画展が定期的に開催され、これまで高校に埋もれていた考古資料が展示されている[22]。また、日本考古学協会でも大会中に高校生によるポスターセッションが開催されるようになった[23]。今や激減してしまった考古・歴史系クラブとその所蔵資料に再び光が当たるときが来たのである。

さて、自身も部員の熱意にほだされて許可を出してみたものの、実際本学の土器片を調べてみると、本当に展示に堪えられる内容ができるのかな、と思うようになってしまった。まず、自身が考古学を専攻していないので、考古資料の扱いや指導に自信がなかった。何よりも土器片や石器類のほとんどが雑多に入れられており、記録が無いことである。土器片の入ったビニール袋に「称名寺貝塚」、「三ッ沢貝塚」など採集地が書かれている紙片が入っている場合もあるが、ほとんどが来歴不明である。いつ、どこで、誰が、どんな状況で発掘・採集したのか等、当時の状況をうかがう記録類が無い。いくら中学生の展示発表とはいえ、展示品のキャプションには正確な内容を付けなければ、土器を並べただけでは意味はないだろう。

こうした不安や焦りに駆られているなか、ある学芸員の方に雑談交じりに相談したところ、「土器片などの考古遺物は、乱暴に扱わなければ、どんどん触ってください」、「母校の先輩が集めた資料を現在の在校生が展示するなんて純粋に素晴らしい」、「ケースに陳列されていては決してできない活用」、「あまり学術的な成果などと背伸びする必要はない」等と、背中を押してもらえる様々な指導や助言を受けることかできた。

自分でも何を勘違いしていたのか、生徒主体の展示発表なのである。彼らが先輩たちの考古資料をどう活用して展示構成していくのか、観覧者にどうしたらわかりやすく展示できるかを、未熟ながらも必死に考えている。生徒が資料と向き合う機会を奪わず、彼らの展示を極力尊重して準備させた。そんな試行錯誤を続けて展示準備している過程で、ある土器片の入った箱の下に敷かれた状況で見つかった『(鎌倉学園考古学部)部報』の発見は、せめて

もの救いであった。当時の活動報告、部員名簿、そして不十分ながら部所蔵の遺物目録が掲載されていたため、土器片と採集遺跡のおおよその関係をつかむことができたのである[24]。

こうして学園祭で彼らが企画した「学校所蔵土器展示会」(2017年6月17－18日)は、地味で学術的には決して高い内容とは言えないが、心温まる手作り感満載の展示となった。先輩の採集・発掘した遺跡の県内の分布模型、実際の土器に触れるワークショップコーナー、展示品のキャプションもなかなか立派だった。観覧者に誇らしげに解説する中学生部員たちも自信に満ちて、生き生きしている。

以下は、観覧者のアンケートの一部である。

「母校にこんな土器があるなんて知らなかった。」(30年前の卒業生)

「本物の縄文土器なのですね。たくさん触らせてもらいました。入学したら、考古学部に入りたいと言っています。」(来年本学を受験したいと思っている小学生と保護者)

「昔、考古学部の生徒が発掘した後の打ち上げに駅前のラーメン屋に立ち寄っていく姿をよくみた。」(周辺住民の方)

このように卒業生、将来？の部員、地域住民が一片の土器にそれぞれの思いを馳せている。「綴」と同様、これこそ学校所蔵資料の付加価値として得難いものであり、それが存分に活かされている。この学園祭展示は意外に好評で、本学の考古学部は県内高校文化部が集結する文化フェスティバル(同年8月23日(写真3))という催しでも展示スペースをいただいて、本学所蔵の土器展示を実施することができた。

写真3　文化フェスティバルでの展示

おわりに―学校の求心力―

「嵐のような」廃棄作業も終わり、現在は校舎もリニューアルされ、生徒も教職員も落ち着いた日々を過ごしている。大きなコンテナに積まれた大量の廃棄物？も、今は跡形もなく持ち去られてしまった。あの中にまだ学校資料として失ってはいけないものがあったのではないだろうか…、今となっては忸怩たるものがある。

本報告は、校内に立派な資料室が整備され、貴重な資料が陳列ケースに展示公開されているような事例紹介とは程遠いものである[25]。しかし、本学のように貴重な学校資料が、今現在も備品倉庫や空き教室の片隅に埃を被って放置され、散逸する危機に直面している学校は、少なくないのではないか。自戒とともに警鐘を鳴らしておきたい。

しかし、不運にも大事な学校資料が失われることもある一方で、貴重な資料が母校に集まってくることもある。以前、県内の教員の研究会で自身が「綴」の簡単な報告を行った際[26]、これを聞いていた県内のある高校の教員から、その教員の亡くなった父親が中学生であった1941～42（昭和16～17）年ごろの軍事教練や空襲の思い出を綴った記事を、後日寄贈していただいた[27]。その教員は、自身の父親が本学の卒業生であったことを思い出し、遺品を探したのだという。それには本学の戦時中の様子が克明に記されている。

また、つい最近も60年前に考古学部に所属していた先輩より、1959（昭和34）年に行われた鎌倉市稲村ケ崎中世集団埋葬遺跡の発掘参加記を送ってもらった[28]。当時の写真とともに、発掘活動が盛んであった部活動の様子が活写されている。

いずれの資料も、本学の記録が失われてしまっている時期の貴重な先輩の証言である。学校がそれぞれの卒業生に去来した想いを再び新たな資料として引き寄せるのであろうか。学校（母校）という「場」の求心力を改めて認識させられた。今回寄贈してもらった両資料も、在校生たちと読み合わせて、当時の先輩たちの歴史を追体験してみたいと思っている。

こうしてみると、学校という資料の拠点に勤務する教職員の役割は、今後

42　第1章　学校資料とはなにか

ますます重要となってくる。先輩たちの資料を保存・活用しながら、現在の生徒たち、これから入学する生徒たちへ受け渡してゆく責任があるだろう。学校資料と学芸員や研究者を引き合わせ、資料に新たな価値を吹き込むのも教員の仕事になるのかもしれない。多忙といわれる昨今の教員だが、異動の多い公立学校に比べ、まだ私学の場合は教職員間の連携・引き継ぎも可能なはずである(29)。「学校の歴史がわかるような資料はありますか？」と問い合わせがあっても、「残念ながら、そういうことがわかる教職員はもういません」では、恥ずかしいではないか。

　確かに校舎の外観はキレイになった。しかし、現在そして次世代の生徒や教職員、地域の人々に自身は伝えられるものがどれだけあるのだろうか。もう一度自問するとき、そんなに多くの時間は残されていないのである。

註

（1）鎌倉学園中学校・高等学校編『カマガクスクールガイド』（2018年）。

（2）島崎直人「学校資料保存の現状と課題」（『歴史評論』495、歴史科学協議会、1991年）。

（3）島崎註(2)論文、富田健司「学校資料の行方」（『歴文だより』95、栃木県歴史文化研究会、2015年）ほか。

（4）寺崎昌夫「学校教育」（『日本古文書学講座』10近代編Ⅱ、雄山閣出版、1980年）。

（5）大平聡「地域史資料としての学校資料」（『災害・復興と資料』3、新潟大学災害・復興科学研究所危機管理・災害復興分野編、2014）、同「学校資料と歴史学」（『歴史評論』822、歴史科学協議会、2018年）、添田仁「震災資料・学校資料の意義と可能性を考える―シンポジウム『震災資料・学校資料をどのようにして保全し活用するか』参加記―」（『新潟史学』71、新潟史学会、2014年）。

（6）羽毛田智幸「博物館デビュー支援事業による学校内歴史資料室の整理」（『民具マンスリー』47-7、神奈川大学日本常民文化研究所、2014年）、同「博物館デビュー支援事業はじめました」（『ぶんかる』3、文化庁、2014年）、横浜市歴史博物館『よみがえる学校の文化財―地域のかがみ学校内歴史資料室―』（企画展パンフレット、2016年）。

（7）九州国立博物館では、「全国高等学校考古名品展」として過去に2014、

2016、2018年と開催、展示図録も発行されている。また会期中には研究発表会として高校生フォーラムも開催される。

（8）すべてを取り上げることはできないが、京都市学校歴史博物館展示「学校のたからもの」(2013年)、和歌山県立紀伊風土記の丘展示「学校にあるたからもの」(2016年)、横浜市歴史博物館註(6)、九州国立博物館註(7)、福島県文化財センターまほろん展示「双葉高校史学部の歩み」(2017年) など。

（9）富田註(3)論文、山本幸俊「学校統廃合と学校アーカイブズの保存—新潟県の事例を中心に—」(『記録と史料』22、全国歴史資料保存利用機関連絡協議会、2012年)、嶋田典人「学校アーカイブズの地域保存と住民利用」『アーカイブズ学研究』21、日本アーカイブズ学会、2014年) など。

（10）資料の散逸原因として、保管場所が分散しており、学校総体としてどれくらいの備品や文献があるのか、把握が困難な点がある。備品リストはあるが、学校全体に共有されていない。また、それぞれの教職員の学校資料に対する意識や関心分野によって、大きく左右される傾向にある。

（11）風間洋「皆さんの学校に「学校資料」は残っていませんか？—鎌倉学園所蔵『聯合軍最高司令部指令綴』の紹介を兼ねて—」(『歴史分科会研究報告』45、神奈川県高等学校教科研究会社会科部会歴史分科会、2016年)。

（12）原昇ほか「占領下における『連合軍関係指令綴』について」(『神奈川県立教育センター研究集録』15、神奈川県立教育センター、1996年)、神奈川県立教育センター編『「連合軍指令綴」集成』(神奈川県立教育センター、2000年)。

（13）例えば、『相模原市教育史』第4巻 現代通史編(1988年)40〜44頁、「比々多青年学校『連合軍指令綴』について」(『伊勢原市教育史資料集』2002年)、『茅ヶ崎市史』現代編1 (2006年)64〜73頁など。

（14）事務所の保管庫には、戦前〜戦後に遡りそうな学籍簿などの書類群も遺されていたようだが、残念ながら廃棄されてしまったようである。

（15）学校の資料の教材活用として留意しなければならない点に、個人情報の問題がある。「綴」に関しては、職員の捺印があるものの、活用に大きな支障はないものと判断した。

（16）2018(平成30)年に発表された高等学校の『新学習指導要領』の新科目「歴史総合」では、取り扱うべき内容の冒頭に「歴史の特質と資料」という中項目を新たに掲げ、「人々の歴史的な営みの痕跡や記録である遺物、文書、図像などの資料を活用し、課題を追究したり解決したりする活動」を通じて、「資料から読み取った情報の意味や意義、特色などを考察し、表現する」能

44　第1章　学校資料とはなにか

力を求めている。

(17) 博学連携の実践報告などは多数に上るが、古庄浩明「学校における博物館活動の提案」(『博物館学雑誌』33-1、全日本博物館学会、2007年)、実松幸男「春日部市郷土資料室　博学連携と小学校郷土資料室の整備について」(『関東の博物館』41、関東地区博物館協会、2017年)などが挙げられる。

(18) 風間洋「一歴史系クラブのささやかな活動紹介」(『地方史研究』358、地方史研究協議会、2012年)。

(19) 註(16)『新学習指導要領』の新科目「日本史探究」では、内容の全体にわたる配慮事項として、「歴史に関わる諸資料を整理・保存することの意味や意義、文化財保護の重要性に気付くようにすること」が、旧指導要領の内容に新たに追加されている。

(20) 横浜市歴史博物館学芸員の高橋健氏・橋口豊氏(本学卒業生)に2018(平成30)年6月26日に本学の考古遺物の現況調査にお越しいただき、今後の保存・整理のご助言をいただいた。部員とともにご指導を仰ぎながら、整理を進めていく予定である。この考古資料の整理作業も生徒にとっては貴重な体験となるだろう。

(21) 市元塁「学校所在資料形成史」(『考古学研究』255〜258、考古学研究会、2017〜2018年)では、「学校と考古学」という特集を組み、保存管理・活用・入試・現場教員の声など多様な視点から学校所在の考古資料を取り上げている。本稿も多くの示唆を得ている。

(22) 註(7)に同じ。九州国立博物館『全国高等学校考古名品展2018』(https://www.kyuhaku.jp/exhibition/exhibition_pre152.html)。

(23) 日本考古学協会主催の高校生ポスターセッションが、2016年度大会・総会より、毎年高校生の考古学に関する調査研究を募集し、審査・表彰が行われている。日本考古学協会のホームページ(http://archaeology.jp/activity/koukousei-ps-boshu/)参照。

(24) 現時点で確認できた『(鎌倉学園考古学部)部報』は、1号(1960年5月発行)、2号(同年11月発行)、7号(1963年10月発行)、8号(発行年不明)、9号(1965年7月発行)、10号(1966年7月発行)のみであった。1部4頁ほどのガリ版刷りプリントである。

(25) 学校資料館として全国的にも評価の高い徳島県立脇町高校芳越歴史館や海部高校歴史館の例(『(徳島県立)文書館だより』26、徳島県立文書館、2006年)、博物館相当施設として学芸員も配置している福岡県立島高等学校の例など。糸島高校郷土博物館ホームページ(http://itoshima.fku.ed.jp/one_html3/

pub/default.aspx?c_id=345)。

(26) 神奈川県社会科秋季研究発表大会(2016年10月19日)、風間註(11)論文。

(27) 新谷卓「御殿場の思い出」「続・御殿場の思い出」(旧国鉄大船工場機関誌『おおふな』1978〜79年)。当時本学の中学4年生だった新谷氏の御殿場での軍事教練の様子や下校途中の空襲体験、横須賀軍港への勤労動員体験等が回想録として記されている。

(28) 原信之「鎌倉、覇府の亡ぶや哀れ―古要祐慶氏の論文に寄せて―」(『湘南考古学同好会会報』152、湘南考古学同好会、2018年)、これには原氏を含む本学の9人の生徒が、東京大学人類学教室の鈴木尚教授から指導を受け、中世遺跡から人骨の発掘をする参加記が掲載されている。

(29) 私学の場合、大会などで優秀な成績を収めたクラブのトロフィーやカップ、賞状などの業績を誇る威信物は、学校の喧伝ともなるため、展示・保管も優先される傾向にあるが、考古遺物や文献資料などは教職員間の理解と引き継ぎがないと、簡単に廃棄されてしまう可能性をはらんでいる。

学校所蔵資料の特徴と調査の課題

多和田 真理子

はじめに

　小学生はほぼ毎日、何らかのプリント類を学校から配られて持ち帰ってくる。月ごとの「おたより」だけでも、学校だより・学年だより・学級だより・保健だより・給食室だより・家庭科室だより・PTAだよりなどがあり、もちろんそれぞれ情報が違う。学校行事があればそのつど詳しいお知らせがあるし、ほかにも学校からのさまざまな伝達事項が配付される。さらに地元のサッカークラブの案内やコンサートのチラシなども多く、なかにはカラー印刷のものもある。各家庭ではそれらに目を通して大事なことはメモし、たまにはスマホで撮影するが、学年の終わりにはほとんどを捨ててしまう。もちろん、子どもたちは学習プリントや返却されたテストなども持ち帰ってくる（これは子どもの方が捨てたいかもしれないが）。

　授業参観に行けば、教室にいろいろな掲示があるのに気づく。学級目標、係や当番表、新聞係が作る「学級新聞」、子どもたちが授業中に描いた絵。これらの掲示の多くはクラスでの1年間が終われば役目を終え、作品は子どもたちが家庭に持ち帰る。

　多くの人がイメージするであろう「学校に関係する資料」を挙げてみても、たくさんある。しかし実際のところ、これらの書類は学校にあまり保存されていない。一方、学校では児童生徒に配付する以外にも、たくさんの資料が作成され保存されている。

48　第1章　学校資料とはなにか

2　学校所蔵資料調査の経緯

2-1　所在状況調査

　筆者は、飯田市歴史研究所調査研究員として勤務していた2003(平成15)年
7月から翌年3月にかけて、長野県飯田市内の小中学校所蔵文書の状況調査
を実施した[1]。各学校で文書類が保管されている部屋に入り、どのような
部屋に、どういった資料が、どのように配置されているかを、スケッチおよ
びデジタルカメラ撮影にておおまかに記録する許可を得た。

　調査にあたっては、現状をそのまま記録することを第一に重視した。短時
間で行うための効率性を考えたからでもあるが、なによりも、筆者自身が学
校という場所にどのような資料があり、どのように管理されているのかを知
らなかった、という理由が大きい。調査を始めた頃は、趣旨の説明もまた不
十分なものにならざるをえず、結局は「古い文書のある部屋を見せていただ
き、記録をとらせてください」と言って許可をとった。また、この調査はそ
の後の網羅的・悉皆的調査を想定した予備調査という意味も含んでいた。

　所在状況調査の方法は極めてシンプルであった。まず、文書などが保管さ
れている部屋の、書棚や箱などの配置をスケッチし、文書類の入っているも
のすべてに「単位番号」を付与する。次に、番号ごとに、棚や箱の材質など
を記録し、それぞれどのような文書が収められているかの概略をスケッチし
た。ざっと見た範囲でわかる程度の、文書の表題や内容、年代などを記録し
た。デジタルカメラでの写真撮影も併用したが、部屋が狭かったり、暗かっ
たりする場合も多く、全体を写真で把握するのは難しいため、スケッチを主
な記録とした。1校あたり2〜4時間の現地作業の後、写真を参考にしなが
らイラストを描き加えた[2]。

　当時のスケッチ(図1〜3)には、文書保存箱に収められた現用文書と、多
種多様な非現用文書とが雑多に描かれている。筆者が調査で伺った学校の多
くにおいて、比較的「古い」、おおよそ戦中までの資料類は記念誌編纂など
の機会に整理され、紙箱などに入れられ棚に収められていた。これらは突発
的な事情(学校統廃合や、教室不足などで急きょスペースが必要になるなど)

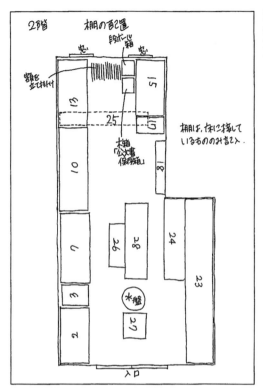

図1　部屋全体のスケッチ
部屋の状況をおおまかに抽出する。文書が入っている棚や箱に番号を付与する。(多和田(2004)より引用)

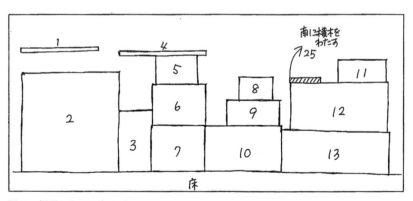

図2　側面からのスケッチ
北側(図1の左側)の棚の様子。棚などが重なっている場合は、側面からも状況をスケッチする。(多和田(2004)より引用)

50　第 1 章　学校資料とはなにか

図 3　棚に入っている文書の様子をおおまかにスケッチする。「現状記録用紙」に、冊子・プリント類・ファイル・封筒入りなどの形態、寸書の内容、年代などを記録しておく。(多和田 (2004) より引用)

がなければ、突然に捨てられる可能性はあまり高くない。一方で「新しい」文書類は、「学校文書保存規程」にもとづき、保存年限ごとに文書箱に入れて置かれていた。これらのほとんどは保存年限を過ぎるとすみやかに廃棄される。だいたい保存場所が決まっており文書管理のサイクルができている。

　筆者の勤務していた歴史研究所では、保存年限が過ぎた文書について保存の呼びかけをし、移管も受け入れていたため、その旨を伝えていた。しかし、どこまでが歴史資料なのかという線引きは難しい。何が、なぜ、どのように「貴重な歴史資料」なのか、という問いに、自分自身で明確な答えを持っているわけではなかった。

2-2 現状記録調査（目録作成）

　所在状況調査で得た成果をもとに、学校所蔵資料を1点ずつ記録する作業を実施した。その方法として、吉田伸之氏らが提示する「現状記録調査法」を採ることとした。第1に、「現状」を記録する意味を重視したから、第2に、分類を考えずにすべての棚を順に記録していく方が、作業そのものの時間が短縮できるからである。学校所蔵資料の「史料的価値」を考えるためには、学校という場所には何があり、どのような文書が作成されてきたかを、網羅的に把握する作業が不可欠だと考えた。

　ただし、近世史料などを対象に多く行われる「現状記録法」が、現場での史料整理、保存作業（中性紙封筒づめなど）と並行しての記録作成を念頭においているのに対して、私たちの調査では現状の記録にとどめ、整理作業は行っていない。ゆえに、紙質の酸化・劣化などによる傷みについても、まだ全体的な対応はできていないのが現状である。この点は早急に解決すべき課題である。

　また、時間短縮を意図したとはいえ、それでも調査に膨大な時間と人手がかかる作業であるのは確かで、それに見合った成果が出るかというと難しいところもある。すべての史料群についてこうした調査が必要だとは考えていない。筆者らの行った調査は試行錯誤のうちに実施した一つの事例であり、こうした経験をもとに、学校所蔵資料の価値（歴史的価値だけでなく）についての認識が広まり、保存活用の取り組みにつながればよいと考えている。

52　第1章　学校資料とはなにか

3　学校所蔵資料の特徴

3-1　資料の内容に即して

　筆者らの調査としては、前述の現状記録作成までしか進んでいないのだが、調査報告をした際に、「現状記録調査の意義」について複数の批判を受けた。結果としてできる「現状記録」が、必ずしも同種の資料が並んでいるわけではないので、目録として使いにくいという意見もあった。学校所蔵資料とは何かを考えるにあたって、分類の努力も必要だと感じ、少しずつ考察を進めている。

　資料に書かれている内容に即してみると、当然ながらほとんどはその学校に関するものになる。しかし、学校の内部に限らず、地域に関する資料も少なからず見られる。

　表1は、飯田市内の小学校所蔵文書を現状記録調査した際に所在が確認できた、単位番号ごとの主な資料を列挙したものである[3]。それをもとに、以下に概略を述べたい。

表1　追手町小学校所蔵史料の概要

単位	内容	年代(年度)	概数	撮影
1	(書類なし)			
2	(書類なし)			
3	(県・市職員録)			
4	下伊那教育会中部支会	1957(昭和32) − 1960(昭和35)	10	
5	信毎文化賞受賞	1968(昭和43)	8	
6	児童出席簿 入学式・卒業式の告辞・祝辞 給食費、PTA徴収台帳	1975(昭和50) − 1977(昭和52) 1951(昭和26) − 1968(昭和43) − 1975(昭和50)	100	
7	PTA名簿 プール建設関係(寄付など) PTA新聞　4、6、14、15号	1957(昭和32) − 1978(昭和53) 1967(昭和42) 1961(昭和36) − 1968(昭和43)	25 5 4	
8	学校運営書類(諸記録、研修願)	1961(昭和36) − 1982(昭和57)	40	

9	児童名簿・職員名簿	1962(昭和37)－1983(昭和58)	20	
	実験学校関係	1959(昭和34)－1960(昭和35)	5	
	当宿直日誌	1940(昭和15)－1973(昭和48)	35	△
	職員当番日誌	1940(昭和15)－1989(平成元)	40	△
	看護日誌(児童が記入)	1945(昭和20)－1954(昭和29)	8	△
10	朝会講話・朝の黒板(→単位13)	1974(昭和49)－1992(平成4)	20	
	研究集録	1963(昭和38)－1989(昭和64)	30	
11	学校経営書類(綴)	1966(昭和41)	10	
12	信濃教育会・下伊那教育会刊行物	1928(昭和3)－1958(昭和33)	35	
	長期欠席児童調、生活保護児童調	1941(昭和16)－1959(昭和34)	4	
	校内研究会記録	1951(昭和26)－1953(昭和28)	10	
	学事視察記録備品	1910(明治43)－1949(昭和24)	3	○
	備品台帳	1901(明治34)－1940(昭和15)	20	
	名簿	1958(昭和33)、1963(昭和38)	5	
	個人調査簿、中等学校入学願書など	1937(昭和12)－1946(昭和21)	20	
	物品請求簿、購入回義簿、予算書など	1942(昭和17)－1964(昭和39)	10	
	遠足細案綴	1942(昭和17)－1968(昭和43)	4	○
	下伊那教育会報(77〜89)	1967(昭和42)－1969(昭和44)	1	
13	朝会講話・朝の黒板(→単位10)	1976(昭和51)－1989(昭和64)	10	
	ぐひん(学校文集)→3階にそろう	1964(昭和39)		
	学習指導案(追手町小)	1956(昭和31)－1960(昭和35)	10	
	研修会・研究会(下伊那郡内)	1974(昭和49)－1984(昭和59)	10	
14	信濃教育会・下伊那教育会関係綴(校長会、幹事会など)	1947(昭和22)－1972(昭和47)	30	
	共学会・教育振興会・PTA関係(→単位15、A、B)	1946(昭和21)－1958(昭和33)	45	△
	公文書	1948(昭和23)－1971(昭和46)	10	
15	研究概要　冊子(追手町小作成)	1970(昭和45)－1984(昭和59)	20	
	PTA記録(→単位14、A、B)	1961(昭和36)－1976(昭和51)	15	
16	(書類なし)			
17	学校要覧(他校)	1976(昭和51)－1980(昭和55)	20	
18	学校要覧(他校)	1981(昭和56)－1985(昭和60)	15	
19	学年学級だより	1970(昭和45)－1980(昭和55)	15	
	校長執務日誌	1912(明治45)－1918(大正7)	48	○
	下伊那教育会会報(106〜190号)	1962(昭和37)－1975(昭和50)	4	
	下伊那郡教育会会報(冊子)	1930(昭和5)－1935(昭和10)	5	
	下伊那教育会記録	1910(明治43)－1937(昭和12)	10	○
	郷土科・自然科教授(飯田小)	1925(大正14)－1937(昭和12)	5	○
	教務日誌(実習生)	1911(明治44)	5	○
	修学旅行、水泳大会など	1932(昭和7)－1943(昭和18)	3	○
	明治初期月給渡帳	1876(明治9)－1883(明治16)	4	○
20	職員会記録(→単位21)	1910(明治43)－1912(明治45)	5	○

54 第1章 学校資料とはなにか

	学校日誌(→単位27)	1873(明治6)－1948(昭和23)	65	○
	名簿・入学簿	1874(明治7)－1911(明治44)	10	
	学校建築関係(雑書類)	1874(明治7)－1889(明治22)	13	○
21	職員会記録・部長会誌・学年会誌	1912(明治45)－1978(昭和53)	50	△
	職員名簿	1887(明治20)－	2	
	内申書・修了生録・卒業生動向調(→単位23)	1918(大正7)－1944(昭和19)	10	
	明治初期飯田町関係	1881(明治14)－1885(明治18)	15	○
	学事統計表	1886(明治19)－1900(明治33)	1	○
22	(書類なし)			
23	児童出席簿	1927(昭和2)－1974(昭和49)	60	
	学籍簿・児童指導要録・操行査定簿(→単位27)	1896(明治29)－1953(昭和28)	70	
	寄付購入簿(大久保小テープレコーダー)	1953(昭和28)	20	
	成績表・試験表	1887(明治20)－1949(昭和24)	130	
	修卒業録、昇級録	1874(明治7)－1940(昭和15)	55	
	卒業後方針調(→単位21)	1932(昭和7)－1939(昭和14)	7	
24	(書類なし)			
25	(書類なし)			
26	農村振興根本方策(下伊那教育会)	1940(昭和15)	15	○
	明治25年開校式書類	1892(明治25)	30	△
	戸長役場通達	1886(明治19)－1897(明治30)	5	○
	明治8年学校増築書類	1874(明治7)－1876(明治9)	75	△
	明治期学校関係書類(領収書、教育費予算、届出書類など)	1874(明治7)－1890(明治23)	70	△
27	学籍簿(→単位23)	1887(明治20)－1964(昭和39)	170	
	学校日誌(→単位20)	1963(昭和38)－1985(昭和60)	20	
	当番日誌	1987(昭和62)－1994(平成6)	8	
28	プリント類(研修会など)	1975(昭和50)－1985(昭和60)	40	
A	ＰＴＡ記録(→単位14、15、B)	1961(昭和36)－1983(昭和58)	60	
B	ＰＴＡ記録(→単位14、15、A)	1974(昭和49)－1983(昭和58)	6	

＊主な資料と概数を列挙したものであり、概数の合計が全体数に一致するわけではない。
　撮影欄の記載は、○＝全点撮影、△＝一部撮影で、2015年4月1日時点の状況である。
　元号の「昭和64」「明治45」は原文書に従って表記した。
　(多和田(2015a)より引用)

3-1-1「学校」に関するもの

　まず、最も基本的な資料といえるのが学校日誌である。その名のとおり、毎日の記録である。筆者が調査を行った追手町小学校を例にとると、1873(明治6)年以降のものがほぼすべて揃っていることが確認できた(単位20、27)。また、追手町小学校は1908(明治41)年より部校制を採用し、本校(現在

地）、浜井場部（現浜井場小学校）、大久保部（1958年廃校）での運営がなされていたが、その時期の部長会記録も残っている。天候、全校に関する主な活動、児童生徒および教員の出欠状況、来校者などが毎日書き込まれる。

　学校日誌の記載内容は時代とともに簡素化されているが、飯田市内の小中学校については、学校創設期以来ほぼすべての日誌が残されている。しかし、ほかの地方についてはそれが当然ともいえない。学校教育法施行規則にもとづく保存年限は5年とされている。各自治体は独自に部署保存規程を定めているが、そこでも20年程度の年限になっているところが多い。

　ほかに職員会記録・当宿直日誌・学年会誌など、日々の学校運営に関する記録が複数作成されており、それらの比較を通して、より正確な情報を得ることができる。これらの記録も、時代を下るにしたがって簡素化される傾向にあり、また文書としての保存年限も短いため、廃棄される可能性は学校日誌よりも高いといえる。

　学校生活の中で定期的に計画実施される運動会・遠足・修学旅行・水泳大会などの学校行事についても、実施細案が編年で綴られている。

　学校の建築関係資料についても述べておこう。現校舎に関する設計図や工事記録、予算と経費に関する文書は、規程により保存されている。それ以前の校舎に関するものも、いくつか残されている事例が確認できた。注目したいのは、校舎その他の建物が建設・改築される際、児童生徒の保護者を含む地域住民や地元業者が深く関わり、資金援助だけでなく作業にも従事していたということである。その意味でまさに学校は「みんなのもの」だった。残された資料からは、いつ誰が作業に参加し、どれだけの資金が集められたか、それを使いどの店から資材を買ったか、詳細に把握できる。

　こうした公的な記録のほか、公的な役職にある人が「私的に」残した記録が、学校に残されている場合もある。例えば「校長執務日誌」がそれにあたる。1912（明治45＝大正元）年度から1918（大正7）年まで校長を務めた古川竹次郎が記したものがそれで、日々の勤務に関する記録だけでなく、卒入学式での祝辞の原稿、職員会などにおける訓示の内容、地方視察記録、古川自身の関心にもとづいて切り抜いた新聞記事の貼付など、実に多様な情報が読み取れる。48冊におよぶこの文書は、他の記録類と併せ見ることで情報の正確

さを担保するだけでなく、古川校長を、かつて小学校長という役職にあった
ひとりの人物として、その様相を浮かび上がらせる手立てともなる史料であ
る。

3-1-2「地域」に関するもの

学校には、その学校の内部に関する資料だけでなく、学区を中心とする地
域に関する資料も保存されている。

特に学制施行とともに近代初期に設置された学校の場合、村役場関係文書
などが混在している場合がある。当時の村役人の記録などをみていると、学
校の創立期には、学校と町村役場とが、場所も人も未分化であったことがわ
かる。ゆえに、そうした文書が混在するのも当然といえる。学校関係の文書
が個人所蔵文書に入っていることがあるのも、同様に公私の関係や業務の内
容が未分化だったことの影響であろうか。

ＰＴＡも、学校を軸とした、地域の人々の関わりである。これもやはり、
地域の人々を「保護者」として学校が把握し、再編成した仕組みである。筆
者が調査した飯田市内の小学校では、戦後間もない時期にＰＴＡが発足して
おり、昭和20年代(1945〜)の記録が残っている。これらの分析も、今後の作
業として必要となってくると思われる。

また、運動会などの学校行事関係の資料から読み取れるのは、地域の人々
の協力・動員なくしては学校行事が成り立たず、またいつからか、学校行事
によって地域の人々が動員され、集合し、言葉を交わし、協力し合うことで、
地域のつながりをつくるようになっているということである。地域のハブと
しての役割を、学校が担うようになったのは、いつ頃からであろうか。

3-2 資料の保管場所と作成者に即して

もちろん学校に関係する資料は、学校のみで作成・保存されるわけではな
い。竹内久隆は、資料の保管される「場所」と作成する「人」により分類軸
を立てている[4]。竹内が例示した資料、および筆者らのこれまでの調査に
もとづき、主なものを挙げたのが表2である。

学校所蔵資料の特徴と調査の課題（多和田）　57

表2　さまざまな学校資料

①学校で保管するもの		
ア	学校として作成	教育計画(教職員全員で分担作成)　　　　　　　　　　　　など
イ	係として作成	活動実施計画(年度当初)、活動反省(年度末)、各係行事計画案(運動会、音楽会など)、連絡・指導事項の伝達 (生活目標、図書館の使い方、保健室だより)、日直当番日誌、職員朝会の記録　　　　　　　　　　　　　　　　　　　　など
ウ	学級担任・学年として作成	学年行事実施計画 (遠足、社会見学、臨海学校、修学旅行など) 児童名簿・連絡網、学年だより、学年会要項、会計報告(学年費前期後期・行事)、年間指導計画(教科など)　　　　　　など
エ	研究会として作成	学習指導案・授業研究会記録、指導者による指導記録、研究のまとめ　　　　　　　　　　　　　　　　　　　　　　　　など
オ	教務として作成	時間割・教員担当時間数、授業実施時数、行事の引率計画、月暦・週暦・日報、儀式実施案(始業式・終業式・入学式・卒業式など)、職員会議記録　　　　　　　　　　　　　　　　　　など
カ	教頭・校長が作成	学校日誌(教頭)、職員会議要項、市教委・県教委提出文書(事故報告など)　　　　　　　　　　　　　　　　　　　　　　など
②教員個人で保管するもの		
学級だより、家庭訪問・個別懇談会日程表、生徒指導メモ、週指導案簿、学習のための資料・教材、研究会資料　　　　　　　　　　　　　　　　　　　　　　　　　　　　　　など		
③児童・保護者に渡すもの		
通知表・健康記録、答案、児童の作品、学習記録(ノート) 配布されたたより類　　　　　　　　　　　　　　　　　　　　　　　　　　　　　など		

(竹内(2013)を参考に多和田作成、多和田(2016a)より引用)

　現状においては、「①学校で保管するもの」だけが保存年限を設けられており、一定期間は学校で保存される。ところが、私たちがイメージする、「学校」に関連する文書はむしろ「②教員個人で保管するもの」や「③児童・保護者に渡すもの」に該当するのではないだろうか。また、これら学校における教育の実態を知る手がかりになるだろう資料の多くは、学校での保存の対象になっていない。冒頭で挙げたように、私たちは学校から家庭向けに配付された多くの書類を受け取るが、それらは私たち自身が保存しなければ、当然に残るとはいえないのである(5)。

　ほかにも、学校に関係する資料としては、学校以外の場所で作成され持ち

58 第1章 学校資料とはなにか

込まれるもの、例えばＰＴＡなど保護者らの団体の活動に関係する記録や、過去に使用された教科書・指導書類のほか、文書でなく「モノ」すなわち授与された賞状やトロフィー類、記念写真や活動中に撮影された写真のアルバム、教具や道具類、学校名の札(看板)や学校旗・応援旗など、多くの資料が存在するのだが、これらも同様に、保存を確約する手立てはない。

　資料によっては、一部の教員や家庭が保存している可能性はある。ただしそれが歴史的価値を認められた資料として保存の対象となるには、例えば数十年経った後に倉庫や部屋の隅から見つかるなど、偶然的要素が大きいように思われる。各家庭では、定期的に書類を処分するし、その際に用済みのプリント類を捨てる可能性はとても高い。だからこそ、教育機関などにおける統一的な保存が望まれる。

4　学校所蔵資料調査を進めるうえでの課題

　調査を進めていくなかで筆者が抱いた課題意識について、ここでは3つを挙げたい。

4-1　文書廃棄の問題

　まず、先にもふれたが、文書の保存年限と廃棄についてである。現代の公文書は保存年限が定められ、その後は廃棄されるという文書管理のシステムができあがっており、学校で作られる文書も同じようにシステムが構築されている。だが一方で、学校文書に関しては、公文書(行政文書)のような、アーカイブズの仕組みがないため、歴史的価値のある文書をより分ける作業を、どのような基準で誰が行うのか、手順が明確になっていない。実際には学校の管理職に任されているのだが、学校という多忙な職場のなかで、10年も経たない文書の歴史的価値を吟味するというのは、現実的に難しい。

　行政文書が文書館などに集められて選別されるのと同じように、学校文書に関しても、保存年限が過ぎた文書を一カ所に集めて整理する作業が、神奈川県藤沢市や栃木県芳賀町などで行われている。こうしたアーカイブズ化が進むことにより、学校文書の資料的活用が促進されることが期待できる。ま

た、本稿で述べてきたように学校文書の内容は他の機関のものと大いに異なる点があり、選別についても独自の専門的な知識と経験が必要になるため、効率的に作業を進めるうえでもアーカイブズ化は重要だと考える。

　ただし、文書を学校から切り離して別の場所に運び込むというのが、廃棄を防ぎ保存に向かう唯一の解ではないことは、あえて述べておきたいと思う。学校を、その学区＝単位地域における文化的中核として捉えるという認識からいえば、資料が発生した「その場所にある」ことの意義についても忘れてはならないし、現地保存が最も望ましいと筆者は考えている[6]。

4-2　個人情報保護の問題

　筆者が学校所蔵資料調査に関わってきた間に大きく変化したのが、個人情報保護に対する人々の認識である。学校所蔵資料には、子どもの個人情報が多く書き込まれており、その意味で、他の資料群とは異なる特徴を持っている。また、身近な地域の歴史を捉える場合、共同体内部における人間関係も複雑かつ密度の高いものとなっており、生者のみを個人情報保護の対象としたのでは不十分で、その家族や親類にいたるまで配慮が必要となる場合もある。それゆえ、学校所蔵資料の特徴や性質については「関係者しかわからない」もので、研究者も含め外部の人間による調査には適さない、という意見を、複数回聞いたことがある。

　こうした個人情報への配慮や交渉が調査の諸段階で必要とされるため、調査研究がしにくくなっているのは事実である。しかし、ただネガティブに捉えるだけでなく、どのように文書を整理・保存し、資料情報を共有し活用していくか、という問題を積極的に考える必要がある。

　筆者は以前、学校所蔵資料における個人の「固有名（identity）」に注目して論じたことがある。私たちはいったい学校所蔵資料にどのような価値を求めているのか。研究のために個人情報を含む資料の閲覧を希望する場合、ほとんどの場合、私たちはその個人を特定することには特段の関心がない。個人の「名前」そのものの情報は必要がないのである。つまり研究者としての視点からいえば、「個人情報」が欲しいのではない。しかしだからといって、閲覧データがすべて匿名化されて、名前や住所などがマスキングされて複数

60　第1章　学校資料とはなにか

の資料から同一人物の情報が結びつかないようにされたものや、学校統計の
ようにデータが完全に集計され数値化された形の情報のみが閲覧できる、と
いう形でよいかというと、決してそうではない。資料が作成されたままの状
況で利用できることがやはり重要となるのである。

　なぜなら人が生きる、生活するということは、固有の、代替不可能な営み
なのであり、その「固有性（identity）」にこそ教育史・教育学研究において
は注目したいのである。その意味において「固有名」を捉えることの重要性
について、より精緻な議論が必要だと考えている(7)。

4-3 地域資料としての活用

　上記4-1・2の課題にアプローチするためには、地域資料として学校所蔵資
料を活用し、その資料的価値を高めることが重要になってくる。専門的研究
者による研究活動を進めていくことが必要であるのはいうまでもないだろう
が、資料を読み調査研究を行うのは、専門家に限らないという点にも、あら
ためて着目しておきたい。

　昔から、学校教員などをはじめとして、その地域の歴史研究にたずさわる
人々は少なくない。その動機はさまざまだと思われるが、自身のアイデンテ
ィティを形成する一つの要素として、暮らす地域のあゆみを知りたいという
思いは、多くの人に共通するのではないか。学校所蔵資料を、地域市民の歴
史研究の素材として活用しうるものとして可能性を開く、そのために必要な
資料環境の整備とは何か、という点の検討が必要になってくる。

　また、学校での授業教材に学校所蔵資料を活用する方法を充実させていく
ことも必要であろう。すでに先行的な実践として、『藤沢市教育史』編纂と
並行して刊行されてきた『藤沢市教育史研究』の連載「史料は語る」や、そ
の継続といえる連載「教育史史料を教材に」などがある(8)。ほかにも、学
校にある「モノ」を含む資料を近現代史学習に活用する『学校史でまなぶ日
本近現代史』(9)など、実践の積み重ねがなされている。こうした関心に対し
ても、学校所蔵資料を「開いて」いけないか。そのための手立てを講じてい
きたいと思う。

おわりに

　本稿を閉じるにあたり、地域資料として学校所蔵資料を捉え、活用していくことの重要性に関して、ふだん大学で教員養成に関わっている自身の職務に引きつけて考えてみたい。

　最近の教員養成課程の「改革」においては、教育機関と「地域」との「連携」が強調されている。ではその「地域」とはどの範囲を指すのか。「地域」はこれまで学校とどのように関わってきたのか、どう支えられてきたのか。「地域」における人々の暮らしはいかなるものであったのか。そういったことへの理解なくしては、今後の「地域」との連携を考えることはできないのではないだろうか。

　今後の教育において求められている「防災・安全教育」についても同様である。言うまでもなく「生活安全、交通安全、災害安全」などは、その地域の特徴を抜きにして考えることができない。地域の自然状況や開発の過程を歴史的に知ることは、「災害安全」を考える際に欠かせない。また、古くから多くの人々によって使われてきた道が、自動車の交通にとっては狭く、通学路としては危ないとみなされるような場合も、ごく身近にあるだろう。ではその道はどのような歴史を辿り現在のようになったのか。昔の子どもたちはどのような道を通学していたのか。

　身近な地域を、歴史的観点を含めてよく知ることの大切さ、日常の生活や教育の営みに、実はさまざまな人の利害や思いが関わっていることを、将来の教育者に伝えていくこともまた必要である。学校所蔵資料を、地域資料としてどう位置づけるかは、地域研究の視点から重要なだけでなく、将来の教育を考える立場としても重要な課題である。

註

（1）当時の飯田市域であり、旧上村・旧南信濃村（2005年に合併）の小中学校については調査を実施できていない。ただし旧木沢小学校（1995年に休校、のち閉校）所蔵資料については、2017年より所蔵状況調査および現状記録調査

62 第1章 学校資料とはなにか

を実施中である。

（2）拙稿「学校史料所在状況の成果と課題」（『飯田市歴史研究所年報』2、2004年）。

（3）拙稿「飯田市立追手町小学校・座光寺小学校所蔵史料調査報告」（『飯田市歴史研究所年報』13、2015年）。

（4）竹内久隆「小学校における資料の作成と保存・活用」（日本教育史研究会サマーセミナー報告レジュメ、2013年8月24日、於日本大学文理学部）。

（5）もちろん近年の書類はパソコンなどで作成されており、そのフォーマットはデジタルデータとして残っていることが多いのだが、保存状態については定式化されておらず、個人的に作成・保存されている場合が多い。

（6）地域資料の現地保存に関しては、市民の活動からも学ぶことが多い。座光寺地区における市民有志グループ「歴史に学び地域をたずねる会」による史料の整理保存の取り組み（今村作衛（2014））や、筆者も現在関わっている「かまくら女性史の会」の活動（横松佐智子（2016））などである。

（7）拙稿「教育学研究における「個人情報保護」と「固有名」認識―学校所蔵資料の保護活用問題を中心に―」（相模女子大学子ども教育学会『子ども教育研究』8、2016年）。

（8）藤沢市教育文化センターが発行する『藤沢市教育史研究』創刊号（藤沢市教育委員会、1992年）には「史料は語る」との表題で、5点の学校史料が掲載され、解題が付されている。以降の号にもたびたび「史料は語る」が掲載されているが、第11号（2002年）以降は「教育史史料を教材に」という表題に変わり、より学校での授業教材を意識した内容になっている。この連載は、後継誌『教育アーカイブズふじさわ』（教育史編集会議、2005年～）にも引き継がれている。

（9）歴史教育者協議会編『学校史でまなぶ日本近現代史』（地歴社、2007年）。

参考文献

今村作衛（2014）「消防会・軍人会の史料から見る座光寺村の近代」『飯田市歴史研究所年報』12

竹内久隆（2013）「小学校における資料の作成と保存・活用」日本教育史研究会サマーセミナー報告レジュメ、2013年8月24日、於日本大学文理学部

多和田真理子（2004）「学校史料所在状況調査の成果と課題」『飯田市歴史研究所年報』2

――――――（2013）「小学校所蔵史料調査から思うこと」日本教育史研究会サ

マーセミナー報告、2013年8月24日、於日本大学文理学部

─────(2015a)「飯田市立追手町小学校・座光寺小学校所蔵史料調査報告」『飯田市歴史研究所年報』13

─────(2015b)「学校所蔵資料の保存と研究利用について」日本教育史学会第605回例会報告、2015年11月28日、於立教大学

─────(2016a)「教育学研究における『個人情報保護』と『固有名』認識─学校所蔵資料の保存活用問題を中心に─」相模女子大学子ども教育学会『子ども教育研究』8

─────(2016b)「地域における学校史料」神奈川地域資料保全ネットワーク（編）『地域と人びとをささえる資料』勉誠出版

横松佐智子(2016)「『かまくらの女性史』と地域資料─編さん作業十年の過程から」前掲『地域と人びとをささえる資料』

吉田伸之(2006)「『単位地域』について」『飯田市歴史研究所年報』4

付記

本稿は、JSPS科研費：JP22330219(「飯田下伊那における学校所蔵史料と地域社会に関する基盤的研究」研究代表者：田嶋一)、同：JP26381059(「小学校区を単位とする地域社会の文化構築に関する歴史的研究」研究代表者：多和田真理子)、同：JP17H02671(「小学校区・中学校区を単位とする地域社会の文化構築過程に関する歴史的研究」研究代表者：多和田真理子)の成果にもとづくものである。これまで調査研究にご協力くださった各学校の先生方、調査に関わってくださった皆さまに感謝いたします。

第2章

学校資料を守り、受け継ぐ

学校資料をどう伝えるか
——横浜市内の活用事例から——

羽毛田　智幸

はじめに

　筆者は近年、数多くの横浜市内の学校内歴史資料室を目の当たりにしてきた。資料室に保管されているモノは、玉石混淆の様相を呈す場合がほとんどであるが、思わず学芸員である筆者が驚き唸ってしまうようなすばらしい学校資料も少なくなく、むしろ地域の文化財として後世に伝えるべきモノが多い。なお、本稿では「学校内歴史資料室」を、主に小学校の空き教室に、通学区域内の旧家などから提供された民俗資料や考古遺物、古文書といった文化財を展示している施設のことを指し、適宜「資料室」と略す。また、そこに所蔵されている資料を「学校資料」とする。

　本書の主題である「学校資料の未来」を考えるにあたり、当然ながら明るい未来を展望したいのだが、残念ながらそこには越えなければならないハードルが数多く存在し、むしろ現状ではその未来は暗いといったほうが適切なのである。

　本稿ではそう判断するにいたった経過として、これまでに確認してきた横浜市内の学校内歴史資料室の事例をもとに、どういった場面で資料室および学校資料が失われてきたのか、あるいは地域の手によってどう学校資料が救われてきたのか、どうすることでそれらを後世に伝えることができるのか、ということに焦点を絞り、ケーススタディを通して明るい学校内歴史資料室の未来を迎えるための今後の対応を考えてみたい。

　それにしても、学校内歴史資料室や学校資料は何のためのものなのだろうか。答えのない愚問であることはわかっているが、博物館に保管される文化財と同じように、学校資料も、学校や地域の歴史を伝えるという不変の役目がある。また学校という施設の中に保管されている以上、目的の第一にはそ

の学校に通う子どもたちが地域のことを知る・学ぶための教材として活用される必要もある。もちろん答えはこれらだけではない。小学校では、新しい学習指導要領を踏まえた授業が2020年から完全実施されるという事情もある。これにともない授業内容にも変更が生じるであろうし、3年生を中心に活用してきた学校内歴史資料室のあり方や利用目的も変わっていくことが想定される。収蔵される多数の生活道具を実際に使用した経験のある高齢者は減る一方で、そうした道具を知識としてしか知らないあるいは全く知らない平成生まれの教員は増えている。

校舎の内という外部からは見えにくい環境にある学校資料であっても、否応なく社会の変化に巻き込まれており、いつの世であっても、地域の歴史を紡ぎ出すモノとしての学校資料の必要性がさまざまな場面で認識される。そのことを念頭におきながら答えを考え続け、博物館の学芸員として学校内歴史資料室に関わる活動をおこなっていきたい。

1　学校内歴史資料室がつくられる―昭和50年代のケース―

創立50年、100年など、学校現場では、創立以来の5年や10年の節目において、記念の式典が開かれるとともに、冊子がまとめられるなど、様々な行事が計画されることが多い。「周年事業」と呼ばれるこうした記念の年の行事の一環として、学校内に地域や学校の歴史を紹介し授業で活用してもらうことを目的に資料室がつくられることがある。明治の学制以来の伝統を持つ140年を超える歴史を有する学校はもとより、10年、20年といった比較的創立以来の歴史が浅い学校であっても、新興住宅地の開発によって地域の姿が大きく変化をしたような学区にあっては、資料室をつくり、そこに地域のかつての姿をとどめようとする事例も見られる。

こうした周年事業などを活用した横浜市内での資料室設置の動き自体は古く、表1（70・71頁）のとおり、1980（昭和55）年のアンケート調査によれば、当時、小中あわせて25校に資料室の設置や民俗資料の保管が確認されている。

こうした資料室の設置に関わる記録類は残されていないことが多いが、ここでは数少ない資料の中から、横浜市立田奈小学校に関わる次の2点（「郷土

学習資料館設置についてのお願い」『田奈小郷土学習資料館手びき』)を紹介し、昭和50年代に設置された学校内歴史資料室の設置の実態を確認していきたい(引用にあたり、明らかな誤字は修正した)。

「郷土学習資料館設置についてのお願い」

【主旨】

　田奈小学校は百余年の歴史と伝統に支えられて今日に至っている。この間幾多の変遷を経ても今なお児童の教育に大きな影響をもたらしている先人のご労苦や学校に対する愛着が数々の品により窺い知ることができます。

　現代はともすると新しいものばかりに目が向けられ伝統あるものが軽んじやすい昨今の社会の中にあって、郷土田奈の風俗、文化、教育、産業および人々の生活の歴史的な変遷を知らせ、今昔の差異を理解させ、郷土の発展に努力された先人の遺業に敬意をはらい自ら郷土を愛し、その開発や発展につくそうとするとともに郷土の良さを積極的に保持しようとする心情を養いたいと思います。

　さいわい校舎並びに体育館の落成を期して現在学校で保有している郷土誌や旧校舎の玄関に掲げられていた人鳥の彫刻や学校沿革史などのほか、郷土の移り変りを示す生きた資料を収集させていただき一所に展示いたしたいと存じます。

　この計画は学校とPTAとの協力により校舎落成にともなう記念行事の一つとして立案いたしました。なにとぞこの主旨にご賛同いただきご協力いただけますようお願い申し上げます。

【目的】

・歴史と伝統に対する理解を深め、郷土愛の心情を培う

・社会科郷土学習の資料を整備する

・失われゆく郷土の文化遺産を集め保存する

【方法】

・委員会を構成し、共通理解を深め計画を立案する

・計画にもとづき学校PTAの連携により資料を集める

・集めた資料は資料館に陳列し、解説書をつくる

70 第2章 学校資料を守り、受け継ぐ

表1 横浜市歴史博物館が把握している横浜市立小学校の学校資料・資料室の所在状況

区	学校名	S55調査	S63調査	H25調査	備考
鶴見区		○	○		
			○		
			○		
			○		
			○		
			○		
	獅子ヶ谷			○	
	寺尾			○	
	生麦			○	
	新鶴見			○	
	矢向			○	
神奈川区			○		
			○		
	池上	○	○		
	青木			○	
	幸ヶ谷			○	
	白幡			○	
	菅田			○	
	羽沢			○	
	三ツ沢			○	
西区			○		
			○		
	戸部			○	
				○	
中区		○			
			○		
			○		
南区		○	○		
			○		
			○		
			○	○	
	別所		○	○	
			○	○	
				○	
	藤の木			○	
				○	
	南吉田			○	

区	学校名	S55調査	S63調査	H25調査	備考
港南区	永田			○	
	日限山	○	○	○	
		○			
		○	○		廃校
			○		
			○		
			○		
			○		
	芹が谷南		○	○	
	日野		○	○	
	丸山台		○	○	
	南台		○	○	
	桜岡		○	○	廃止*1
	港南台第三			○	
	日下			○	
保土ケ谷区				○	
				○	
	笹山		○	○	
				○	
	保土ヶ谷			○	
	川島			○	
旭区		○			
		○	○		
		○	○		
		○	○		
			○		
				○	廃校
				○	
				○	
				○	
				○	廃校
	川井		○	○	
	都岡		○	○	
	鶴ヶ峯		○	○	
	今宿			○	
	四季の森			○	
	若葉台			○	
磯子区		○	○		
		○	○		廃校

区	学校名			
磯子区			○	
	屏風浦			○
金沢区		○	○	○
			○	
	釜利谷		○	○
	大道		○	○
			○	
	富岡			○
	六浦			○
港北区		○		
			○	
			○	
	篠原		○	○
緑区			○	
			○	
		○		
	三保		○	○
	中山			○
青葉区	田奈	○		○
			○	
			○	
			○	
	鉄		○	○
	東市ヶ尾		○	○
	鴨志田第一			○
	鴨志田緑			○
	黒須田			○
	さつきが丘			○
	新石川			○
	元石川			○
				○
都筑区		○		
		○		
		○	○	
			○	
	川和		○	○
	都田			○
	中川			○

区	学校名				備考
戸塚区		○	○	○	
	小雀	○		○	
			○		
			○		
			○		
	秋葉		○	○	
			○		
	平戸		○	○	
	平戸台		○	○	
	柏尾		○		
	上矢部		○		
	品濃		○		
	名瀬		○		
	東品濃		○		
	俣野		○		廃校
	南戸塚		○		
	南舞岡			○	
栄区		○			
	飯島	○		○	
			○		
			○		
			○		廃校
	野七里		○	○	廃校*2
	矢沢			○	廃校*2
泉区	中和田南	○	○	○	
	中和田	○			
	飯田北いちょう		○	○	
	いずみ野		○	○	
	和泉			○	
	下和泉			○	
瀬谷区			○		廃校
	瀬谷			○	廃止*1
	南瀬谷			○	

＊1　資料室廃止、博物館等へ移管
＊2　廃校、栄区郷土資料室として運営
学校名空欄は、調査結果非公開を希望した学校、または旧調査につき公表の了承を得られていない学校。

72　第2章　学校資料を守り、受け継ぐ

【管理と活用】

・管理は学校が行ない、整理保存と利用の便を図る

・学習のため常に開放し、学校外の個人や団体の申しこみにより参観の便宜を図る

【収集の予想】

・昔使われたもので生産・生活・教育・文化に関するものでこのままにしておくと近い将来なくなってしまいそうな品物

・品物の年代は明治初期から昭和20年前後までをめやすとする

・予想される品

　学校関係・職員、児童、施設に関するもの

　文化関係・教養、学習、行政に関するもの

　産業関係・農業、養蚕、林業に関するもの

　地域活動・青少年団、消防団、軍人会等に関するもの

　衣・食・住・衣服、食器、住居等に関するもの

　考古学的なもの・古文、出土品等に関するもの

　※これらの品物の中には家宝として、高価なねうちのあるものもあることも予想されます。それらの品の場あいは目録だけに登録させていただきたいと思います。

（横浜市立田奈小学校田奈小落成祝賀委員会「田奈小学校新校舎落成祝賀式典要項」1975年、p11より引用）

　この田奈小学校の「郷土学習資料館設置についてのお願い」は、1975（昭和50）年10月1日付けで、当時の校長・PTA会長の連名で、町内会・PTA会員あてに配付された文書で、新校舎落成記念式典で配付された要項に再録したものである。ここには、昭和50年代当時の学校内歴史資料室に対する明るい未来が嘱望されている。

　さらに2年後の1977（昭和52）年には『田奈小郷土学習資料館手びき　田奈小百年の教育―事実は語る―』として、開館した学校内歴史資料室の活用を目的に手引き書が作成され、翌1978（昭和53）年にも、姉妹編となる『田奈小の史実にみる学制の定着度』が、横浜市教育委員会の補助金を活用するかたちで刊行されている。

関わった方々の熱意はもちろん、設置された資料室にこめられた期待は、『田奈小郷土学習資料館手びき　田奈小百年の教育―事実は語る―』の構成からも感じ取ることができる。この『手びき』は、新校舎落成祝賀委員長の「まえがき」に始まり、「郷土学習資料館手びき」として資料分類に基づいた目録、設置趣旨文、学校の沿革に引き続き、学校関係の古記録類については翻刻や図表、民俗資料については名称や使用方法などの聞き書き情報が掲載されている。特に養蚕道具については座談会を開催してその使い方を確認・収録するなど、失われがちな情報をまとめ後世に伝えようとする姿勢は高く評価される。収集する品々の対象年代こそ違え、地域のなかで使われてきた道具や考古資料・古文書類を集めて展示し、郷土学習に役立てると同時に郷土愛を育もうとする考え方は、現在に至るまで、新たに設置される学校内歴史資料室の多くに共通するものである。

　一方で、「郷土学習資料館設置についてのお願い」からは、学校内歴史資料室がその後に抱えたであろう課題を垣間見ることもできる。収集に先立つ「お願い」ゆえに当然のことだが、「郷土の移り変りを示す生きた資料を収集させていただき一所に展示いたしたい」という展望や「収集の予想」品目などからは、展示室内の具体的な展示計画は存在しないことが推察される。

　地域に声を掛け、集まったモノを分類することなくただ「陳列」するという手法は、これまた昭和50年代以降から現在に至るまで、資料室が設置される際に往々にして選択される手段である。地域（あるいは小学校の通学区域内）の歴史や生活文化を伝える目的で展示資料を域内から集めるという方法自体は誤りではないが、展示の計画（展示室内の導線や全体のテーマ、コーナーごとのテーマなど）に即して収集せず、漠然と「昔使われたもので生産・生活・教育・文化に関するものでこのままにしておくと近い将来なくなってしまいそうな品物」を集めてしまうと、思いもよらない大型の農機具が複数集まったり、希望する道具が集まらなかったりと、設置にいたるまでの最初のつまずきになりやすい。しかも一度受け取ってしまったものは、趣旨や性質上、返却しにくい場合が多いばかりか、物品類の譲渡に関わる書類が取り交わされることも少なく、時を経てのトラブルにも繋がりやすい。

　筆者の勤務する横浜市歴史博物館（以下、「当館」）の開館が1995（平成７）年

であり、それ以前の記録類の蓄積が乏しいこともあるが、昭和時代の学校内歴史資料室の設置にあたり、博物館や学芸員が関与したという話はほとんど伝わっていない。横浜市内では、資料室内の考古資料の展示に博物館の資料を貸し出した行政文書の写しがわずかに1件確認されるだけであり、時代が平成に下っても数件といったレベルである。伝えたい内容を考えて資料を構成し順序立てて並べるという「展示」行為は、博物館にとっては日常の業務ではあるが、そうした専門的な助言を得ないまま当事者だけで資料室開設の準備が進められると、「自分たちが説明するからモノさえ並んでいれば良い」という思考に陥り、やがては無秩序な陳列状態へと向かってしまう。また、学校・PTA・周年事業担当者が連携して進められた資料室の設置作業であっても、そこに利用者の中心となる先生や子どもたちは介在したのだろうかという疑問がある。具体的な展示計画の策定はもちろん、展示を利用する具体的な場面や人をどこまでも考えていかなければならない。

　これらの資料からは、昭和50年代の資料室設置において、すでに周年事業などが活用された実態や、その後の資料室に共通して抱える課題を確認することができた。

2　学校内歴史資料室が失われる

　このように当館が学校内歴史資料室の取り組みを続けていると、やむを得ず資料室を閉鎖する、または閉鎖したいというような相談を受けることもある。かつては、児童数の増加により資料室を普通教室に戻すというようなケースがあったと聞くが、近年増えているのは、学校の統廃合にともない資料室のある学校が閉校するというようなケースである。横浜市内では未だに児童数の増加が続いている地域もあるが、昭和40～50年代にかけて開発された住宅地や団地などでは人口減少が進んでいる地域もあり、そうした地域内では小学校の統廃合も進んでいる。まれな事例ではあるが、プレハブ教室に設置された資料室が建物とともに取り壊されるというケースや、校舎の建て替えによる資料室の移転、それにともなう一部資料の廃棄といったケースもあった。

いずれのケースも、やむを得ず資料室を取り壊したり、資料が廃棄されたりしているのであるが、それらに対して適切に対応しないと、学校・地域間でのトラブルの種となることがある。かつて、市立中学校内に設置された資料室が、校舎の改修工事の際にやむを得ず取り壊されたケースがあった。展示されている学校資料の保存を訴える地域の郷土史団体と学校側の調整がうまくまとまらず資料を処分したことで、ミニコミ誌に取り上げられたことがあった。

　学校としては、可能な限り元の所有者に了承を得て、町内会とも相談をおこない、近隣の小学校の資料室に学校資料の一部を移転させた上で、残ったモノをやむを得ず廃棄したということであろう。相談先として当館が候補に挙がらなかったことは筆者の不徳の致すところではあるが、この事例は当館が学校内歴史資料室に関する取り組みを始める以前のものであり、工事のスケジュールに定められた期日までに資料室を撤去しなければならず、迫られる期日の中でモノを処分しなければならない学校側の対応に理解できる部分もある。一方で、資料室に集められた資料は、地域の歴史を伝える貴重な文化遺産であり、地域にとってはかけがえのないものであった、という郷土史団体の主張も十分に理解できる。

　これまでは、上の事例のように学校や地域といった当事者間で意見がまとまらずに対立することが多かったと考えられるが、今後は博物館が間に入ることによって、適切な資料の保管、あるいは学校間での譲渡を含む移動、といったことがおこなわれるようにしていかなければならない。

　このような事例は、把握している以外にも枚挙に暇がないであろうが、学校資料の廃棄は実にひっそりと行われるものなのである。大々的におこなえばさまざまな軋轢を生むほか、田奈小学校のケースで紹介したように、一気呵成に資料を収集した場合、物品類の譲渡に関わる書類が取り交わされることが少なく、資料室の取り壊しや廃棄といった場面で所有権をめぐるトラブルに結びつきやすいため、そのような対応となるのであろう。知らず知らずのうちに地域の文化財を失う結果とならないように、博物館としては、やむを得ず廃棄をする、あるいは閉鎖したいというような資料室が出てきた時に、対応できる準備と心構えが必要である。

76　第2章　学校資料を守り、受け継ぐ

　当館が関わったなかで、これまでにやむを得ず資料廃棄に関わったケース
もある。主に木製品の民俗資料だが、既に虫損が進み修復の見込みが立たな
いモノや、その被害が周辺の資料に広がることが予想される場合は、現状を
写真や資料カードに記録した上で、廃棄することを勧めている。その場合で
も、資料を実見し、博物館の目線で資料の歴史的価値や今後の保存の可否を
判断している。

　2018(平成30)年8月には、鳥取県北栄町の北栄みらい伝承館（北条歴史民
俗資料館）が、収蔵品の民具562点の処分または希望者への譲渡を前提に
「お別れ展示」を開催し、473点を譲渡したことがニュースとなった。収蔵庫
が満杯となり新たな資料の収集ができなくなったためであるが、譲渡や売却、
廃棄といったように資料を手放す局面の対応は、博物館にとっても学校内歴
史資料室にとっても大きな共通の課題である。

　2018(平成30)年度に入ってからも、中学校に保管されている学校資料を処
分したいという相談が当館に寄せられている。事情はさまざまであるが、廃
棄というのは最終的な手段であり、学校で学ぶ子どもや生徒のために寄贈さ
れた学校資料に対して、当事者による安易な廃棄の選択肢がとられないよう
対応する必要がある。また、閉校した小学校に残された学校資料を他校に移
動（譲渡）したいという相談も受けている。現在の当事者同士で合意が形成さ
れたとしても、先にも述べたように、所有権が不明確な場合が多く、収集に
携わった人同士のいさかいの発生が後々に予想される。

　これまで資料室の取り壊しや学校資料の廃棄といった問題が取り上げられ
ることは少なかったが、学校内歴史資料室に関する取り組みをスタートさせ
て以降、少しずつ情報が当館に届くようになってきた。私たちの取り組みは
トライアル的な性格もあり、放棄をすればすぐに元の状態に戻ってしまうの
が現状であるが、学校内歴史資料室の整備には学校資料のセーフティネット
としての役目があることも明らかであり、学校資料をいかに伝えていくかと
い視点で今後の事業を展開していきたい。

3　考えて考えて行動する─横浜市立柏尾小学校の場合─

　柏尾小学校の郷土資料室には、2012(平成24)年に刊行された『柏尾の百年史』(第1期版)の編纂の過程で収集された民俗資料や写真パネルなどの学校資料が保管されていたが、第2期版の編纂が続いたことから、具体的な資料室の整備には着手できない状態が続いていた(第2期版は2015(平成27)年に刊行)。そこで、当館が中心となって2015(平成27)年に郷土資料室の整理をおこなった。整理が完了して以降、資料室の運営に携わる学校や地域の関係者からは、新しい展示に関する相談を受けていたが、当館からは学校運営協議会の場を通じて以下の提案をおこなった。

1．資料室の方向性を考える

　　誰のための資料室か　→子ども　地域　今　未来

　　何のための資料室か　→学習のため　記録・保存のため

2．どんな資料室にするのか

　　現在あるモノはどんなものか？　→博物館による整理は完了。

【お米作り】　唐箕・足踏み脱穀機・踏車(ふみぐるま)・米選機・くわ・万能・除草機・じょうご

【日常生活】　洗濯板・石臼・火鉢・かや・背負子・黒電話・昭和期の雑誌・木馬

【モノ作り】　縄ない機・ぞうり編み台・木槌・糸車

【動物を捕る】　うけ・鳥わな

【芸能】　獅子頭・面・太鼓

【地域の移り変わり】　学校周辺の航空写真各種

【戦争関連】　日章旗・帰還幟・千人針

【※展示が難しいモノ】　昔の教科書・教材

　　必要なモノをどうするか？

　　→集める場合は現状の教室のなかで収まるよう、最小限の収集にとどめる(モノであふれて子どもが入れないようでは意味がない)。

　　→集めないのであれば、現状のモノを活かして図や写真で補う。

78　第2章　学校資料を守り、受け継ぐ

柏尾小学校郷土資料室　リニューアル後

3．期限を設定するかしないか
→オープンの日を設定する場合、作業可能な日・時間を確認・確定し逆算して、それまでに必要な作業の割り出しとスケジュールを立てる。
・必要な作業は何か？
　㈠展示レイアウトの検討作業
　㈡資料室の名前を決める（今のままでもよい）
　㈢必要な物品を調達・製作する作業
　㈣資料の展示作業
　㈤その他の作業
→オープンの日を設定しない場合、今後の方向性を考える機会を設ける。資料を再度集める場合のルール作りや、収集した資料の整理方法を学び、博物館を作る過程自体を活動にする。

　これを受け、資料室をどうしたいかという議論を関係者の間でじっくりと重ね、展示内容の加除や、それに基づく展示パネル、ジオラマ・造作

の製作といった作業を経て、リニューアルが完成したのは2018（平成30）年度に入ってからのことであった。

　実に３年という準備期間を経てオープンした資料室であるが、その過程においては、提案に基づき、学校の担当者を通じ、資料室で伝えたいことや資料室をどう使いたいのか、ということを意識して作業を進めてもらった。その結果、あちこちで見られるような大人目線の盛り込みすぎの展示ではなく、要点が絞られたシンプルで活用しやすい資料室が完成した。資料室のオープンは言ってみれば、スタート地点に立ったということであり、今後は展示や資料室での活動を通して伝えたいメッセージを子どもたちや見学者に届ける、というステップに進むのである。

　こうした展示をつくったり考えたりする作業を共有することは、オープン後の運営に関する意識を醸成することに結びつきやすい。資料室が完成したらどのように授業で活用するのか、子どもたちとどんなイベントをおこないたいのか、展示を考える中では、そうした具体的に資料室を使う場面を想像することも少なくない。毎月イベントを開催することが目的ではないので、マイペースで実施可能なことから活動の場として資料室を使うことが望ましいが、既に『柏尾の百年史』の編纂を通じて地域の歴史がわかりやすくまとめられており、その大切さや後世に伝えていく難しさは理解されており、息の長い活用が期待される。

4　リニューアルし活用する―横浜市立大道小学校の場合―

　2019（平成31）年１月に、横浜市立大道小学校の「ふれあいむかし資料館」はオープン以来２度目のリニューアルを迎えようとしている。創立50周年を機に設置されたこの資料館は、その後、活用されないまま放置された状態が続いていたが、2013（平成25）年の70周年の時に１度目のリニューアルをおこなった。その後は「ふるさと大道の風景をつくる会」による地域の積極的な関与のもと、リニューアルした展示を活用し、金沢区役所地域振興課・横浜金澤シティガイド協会が連携して近隣小学校への道具の貸出と講師の派遣をおこなう「訪問歴史授業」を進めてきた。

訪問歴史授業風景

ここで押さえておきたいポイントとしては、具体的な利用者を想定して活動を展開していることである。貸出事業は2015(平成27)年度より開始し、3年生の冬期の社会科に合わせて近隣小学校6〜8校程度、人数にして465〜653人の児童が、派遣されたシティガイドによる昔のくらしや道具に関する授業を受けている。資料の運搬、講師の派遣には当然費用が発生するが、地域(区内)の歴史学習を支援するという位置付けで区役所が予算化し負担している。「貸出ができたらいいね」というアイデアは多くの人が思いつくことであるが、具体的な利用場面をつくり出し、運搬や講師の派遣といった仕組をつくり、実務的な調整を丁寧に重ねてきた結果でもある。4年目に入った貸出事業は、学習指導要領の改訂を念頭に置きつつ、今後のあり方を再検討する段階に入っている。

また、大道小学校の資料館は貸出のみならず月2回の定期的な公開活動もおこなっている。ここでも具体的な利用者を想定し活動を展開している。一般の見学利用者はもちろん「特別れきしクラブ」を組織し、展示替えやジオ

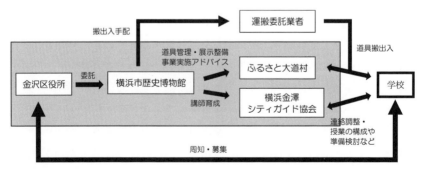
訪問歴史授業の仕組み

ラマ作成といった児童のクラブ活動の場としての活用を進めている。また横浜金澤シティガイド協会との連携により、鎌倉七口のひとつ朝夷名切り通しなど、近隣史跡とあわせて通常の観光ガイドコースのなかにも立ち寄りポイントとして組み込み、新規の見学者の開拓も進めている。資料館のみならず、学校内の隣地に整備された池や田畑など、同地の歴史・文化的な景観をあわせて理解することができる活動や、具体的な利用者を想定しそこにアプローチする取り組みは高く評価され、2015（平成27）年度には横浜市都市整備局から「横浜・人・まち・デザイン賞」が、2017（平成29）年度には「まちづくり月間まちづくり功労者国土交通大臣表彰」がそれぞれ贈られている。

　一方で課題も残っている。2013（平成25）年度に実施した1度目のリニューアルは、それ以前の詰め込み状態を解消したものであり、当時の課題の解決には繋がったが、当館としても最初に実施したリニューアル作業であったために、現在となっては解説の不足や展示自体の不備も目立ってきた。2回目のリニューアルにあたっては、2020年から実施される新学習指導要領に基づく授業の展開を想定した当館からのアドバイスをもとに、地域の方々が自らの言葉で解説の文章を執筆している。展示コーナーの構成や、再び詰め込み気味となっていた展示を再検討し、クラス単位での見学を可能とするレイアウトに変更した。博物館からのお仕着せのリニューアルではなく、地域の人自らが考え望む資料室となるよう、学校連携・観光資源・まちづくりといった具体的な利用場面の想定とその実現へ向けた取り組みを続けていくことが、学校資料や学校内歴史資料室の未来に繋がっていく。

5　誰が使うのか—横浜市立日下小学校の場合—

　これまでのように、ただモノを並べて「どうだ見てくれ」と言わんばかりの詰め込み状態では、安全な見学はもとより、授業での活用もされないし、学校資料や学校内歴史資料室の明るい未来は存在しない。2018（平成30）年12月にリニューアル作業を完了した学校内歴史資料室に、横浜市港南区の日下小学校郷土資料館があるが、2002（平成14）年に開館した同資料館の展示も、開館後16年が経過し、どちらかというとそうした詰め込み型の展示となって

日下小学校郷土資料館　リニューアル前

同上　リニューアル後

いたため、学校や地域の方々からの要請を受けて、当館が中心となってリニューアルを行った。

　現状のヒアリングをおこなう中で、幸いこの資料館には、館長をはじめ地域のかつてのくらしを解説してもらえる協力者の方がいることがわかった。また、近隣の小学校からの見学の受入要請や過去の実績もあることがわかり、これまでの詰め込みタイプの展示を解消し、子どもたちが資料館の中に座って教員や地域の人々の話をゆっくり聞くことができるスペースを確保すること、テーマを設定した展示に再構成することが必要だと判断した。資料館が普通教室の横に位置することから、一般の見学者の受入よりも、自校や他校の学校団体を主な利用者として想定した。

　当館では近年、多くの学校内歴史資料室の展示リニューアルを手がけているが、意識するのは、やはり2020年から完全に実施される新しい学習指導要領である。横浜市でも横浜版の学習指導要領と呼べる「横浜市立学校カリキュラム・マネジメント要領社会科編」が公表されている。その中では大きな区分として、「地理的環境と人々の生活」「現代社会の仕組みや働きと人々の生活」「歴史と人々の生活」が示され、このうち小学校3年生では4つ目の学習項目として「歴史と人々の生活」の中に「市の様子の移り変わり」が盛りこまれている。ここでは、横浜市や人々の生活の様子が、時間の経過にと

もない移り変わってきたことを理解することが求められている。その手段として、聞き取り調査や地図の活用や年表へのまとめ作業が例示されている。従来この単元では、地域のかつてのくらしを学ぶ際に、博物館や資料館の見学や道具調べといった方法が示されていたのに比べて、新指導要領ではそうした色が薄まっていることが見てとれる。道具・モノを優先としたこれまでの内容から、より地域の歴史の移り変わりをどのように学ぶのかというところに力点が置かれたわけだが、展示のリニューアルに際しても、道具調べに終始しないかたちの展示構成へと軸足を移した。

　例えば、当館が携わる展示のリニューアルでは、国土地理院が公開している「地図・空中写真閲覧サービス」を活用した展示を導入部分に盛りこんでいる。通学区域のかつての姿を可視化し、これを提示することによって街の移り変わりを視覚的にとらえることを可能にしている。

　航空写真や地図を比較するというアイデア自体はさほど目新しいものではないが、学校内歴史資料室の導入部分にこれを用いることで、「歴史」という言葉を使わずに地域の移り変わりや過去を認識させる効果を上げている。小学3年生といえば、ちょうど9歳から10歳といった年齢の子どもたちである。日本にはものの移り変わりの早いことや変化の表現として「十年一昔」という言葉がある。まさに3年生の子どもたちが生まれた頃というのはちょうど「一昔前」の時代であり、航空写真や地図を比較する際には、10年あるいは20年を一昔前、二昔前といったとらえ方で説明し、徐々に過去に遡っていくことで歴史的な時間の認識方法を涵養していくのである。

　自身が生まれる前の過去を認識するということはなかなか難しいことで、小学3年生の社会科の中で昔の生活を学ぶ・教える難しさは、従来の学習指導要領のなかでも指摘されてきたことである。昭和時代の生活道具偏重の単元から、より歴史を重視する単元へと内容が移り変わっていく背景には、二昔前の平成生まれの教員が今後も増えていくことがあり、平成が終わろうとする現在、より丁寧な歴史認識にもとづく教育が求められている。市域の歴史を担う博物館としては、このことに十分に考慮し対応していく必要があると考えている。

　2012(平成24)年に文部科学省の中央教育審議会から答申が出されて以降、

84 第2章 学校資料を守り、受け継ぐ

近年、アクティブ・ラーニング*という言葉がよく聞かれるようになっている。答申は「新たな未来を築くための大学教育の質的転換に向けて～生涯学び続け、主体的に考える力を育成する大学へ～」とする大学教育についての内容だが、当館では学校内歴史資料室の展示や活用の場面でもこうした手法を用いることを進めている。航空写真や地図を活用した展示の導入部分はまさにそれであり、年齢が若く経験の浅い先生であっても、また横浜市外出身の先生であっても、子どもたちと一緒に学校や地域の移り変わり、かつての姿を考えることができる、そのような展示としているのである。

　＊文部科学省による用語説明としての「アクティブ・ラーニング」は以下のようなものである。

　　「教員による一方向的な講義形式の教育とは異なり、学修者の能動的な学修への参加を取り入れた教授・学習法の総称。学修者が能動的に学修することによって、認知的、倫理的、社会的能力、教養、知識、経験を含めた汎用的能力の育成を図る。発見学習、問題解決学習、体験学習、調査学習等が含まれるが、教室内でのグループ・ディスカッション、ディベート、グループ・ワーク等も有効なアクティブ・ラーニングの方法である。」

社会科といえば暗記科目、テストといえば覚えた単語を埋めて解答するというような学習スタイルに慣れた世代にとって、地域の移り変わりを読み取るという正解の尽きない学習は慣れない作業かもしれないが、学びのかたち自体が変わろうとするなか、道具偏重から地域の歴史重視への学習指導要領の改訂の流れを好機ととらえ積極的に取り組むことが、学校資料や学校内歴史資料室の明るい未来に結びつくと考えている。

これまで学校内歴史資料室の展示をリニューアルするにあたっては、必ず資料カードを作成し、それをもとに目録を用意してからおこなっていた。このため、リニューアルされた展示が完成するまでには相当の長期にわたる時間がかかっていた。日下小学校の郷土資料館では、前述のように早期のリニューアルの要望や他校の見学が予定されていたため、これまでとは異なり、展示のリニューアルを先におこない、資料カードの作成を後日の機会に送っている。しかしながら、詰め込まれた既存の展示を解体するなかで、簡易の写真撮影、収蔵票の取付をおこない、それにもとづく仮目録を作成し、どの

ような資料が保管されているか、学校資料の全体像は把握している。

　これまでは整理後にリニューアルという順序を基本に取り組みを進めてきたが、学校や地域の要望を叶えるかたちでケースバイケースで対応することも重要である。そうすることで、学校内歴史資料室の有効性や学校資料の重要性を早期に認識してもらうことが可能となり、結果として、先に送った整理作業に対する理解も得やすいし、学校資料の未来にも繋がるものと考える。

6　目的を絞る―横浜市立永田小学校の場合―

　2018(平成30)年11月に新規オープンとなった横浜市南区の永田小学校の学校内歴史資料室「永田村すけごうルーム」は、目的を大きく絞った学校内歴史資料室であることに特徴がある。廊下の一角にあったホールスペースを仕切ってつくった資料室に展示されている主なものは、地域で使われてきたかつての生活道具ではない。その点においては他の学校内歴史資料室とは大きく異なる。

　主な展示物は、地域のイベントである「北永田ふるさとふれあいまつり」のなかで実施される「助郷行列」で用いられる時代衣装や道具類である。永田小学校が所在する旧永田村は、江戸時代を通じて東海道保土ヶ谷宿の定助郷を務めていた歴史を持っている。この保土ヶ谷宿と永田村の関係や村の開拓に尽力した先人たちの功績を伝えようと、1993(平成5)年よりおこなわれているのがこの助郷行列である。イベント自体は決して古いものではなく、むしろ新しいものであるかもしれないし、博物館の常識に照らしてみれば、この展示物は文化財としての学校資料とは異なるものであるが、このイベントや資料室で見学者に伝えようとしているメッセージは、かつての地域(ムラ)の姿や役割、先人たちが切り拓いてきた地域の歴史や文化であり、他の学校内歴史資料室と共通する。

　これまでイベントで使用される道具類の保管は、保存会員の各家でおこなってきたが、大量の道具の適切な管理には限界があり、助郷行列自体が学校の校庭を起点におこなわれることや、児童や教諭が多数参加することもあり、児童や保護者への普及を兼ねて学校内に資料室兼保管場所の設置計画が持ち

86　第2章　学校資料を守り、受け継ぐ

永田小学校　リニューアル後の展示室

上がったものである。この整備は助郷行列の実施団体である「永田助郷伝承保存会」が担い、南区の補助金などの申請・獲得にも尽力している。資料室兼保管場所を兼ねること、伝えたいメッセージが明確であることを前提に、保存会から当館には展示室内のレイアウトや内容についての相談を受けた。当館からのアドバイスとしては、やみくもに生活道具類を展示するのではなく、必要に応じたムラの歴史的な背景を紹介する写真や図表の展示にとどめる方向を勧めた。

展示に使用するかつての村の風景写真の準備や、解説文章の執筆、図表の作成は保存会が担当し、デジタル化やパネルの出力、展示作業は当館が協力・実施した。「歴史」や「江戸時代」「東海道」といった基礎知識がない低学年も資料室を利用することや、前述の新学習指導要領に対応するために、文章や展示構成に修正を加えた。

「横浜市立学校カリキュラム・マネジメント要領社会科編」では、小学校4年生の4つ目の学習項目として「歴史と人々の生活」の中に「神奈川県内の伝統や文化、先人の働き」が盛りこまれている。ここでは、神奈川県内の文化財や年中行事を地域の人々が受け継いできたこと、それらには人々の様々な願いがこめられていること、また地域の発展に尽くした先人は、様々な苦心や努力により当時の生活の向上に貢献したことを理解することが求めら

れている。

　従来、この単元では、教科書にも掲載されていることから、江戸時代の吉田新田の開発が取り上げられることが多かったが、地域社会に対する誇りや愛情、地域社会の一員としての自覚を養うことも求められており、むしろ目的を絞った「永田村すけごうルーム」の展示はそれに適した内容であり、ここを活用した授業の展開が期待される。

おわりに

　学校内歴史資料室にかけられる期待はいつの時代も大きい。しかし筆者は、数多くの資料室に足を運ぶにつれ、具体的な活用の場面が想定されないまま数多くの学校内歴史資料室が作られてきたこと、あるいは、資料室さえできれば後は先生や誰かが使ってくれるだろうという、どこか他人任せな考えがまかり通ってきたということを重く受け止めざるを得なかった。その結果、期待とは裏腹に活用されない資料室が数多く、当館の取り組みを始めた当初は、学校資料の未来は決して明るくなく、むしろ暗く感じたのも事実である。

　しかし筆者は、どうすれば使われる、あるいは使える、使いたくなる資料室になるのかということを考え、それをどう実現していくかということに注力してきた。それは筆者ひとりの力だけでは到底なし得ることではないし、各学校内歴史資料室に携わる学校・地域・行政の関係者、さらには利用する児童・保護者の存在も欠かせなかった。

　先日、当館の図書閲覧室で、学校資料室の運営に携わっているという方と会話をする機会があった。熱心に古い道具の使い方を調べており、授業で資料室を使って欲しいという気持ちは非常によく伝わってきた。ところが、小学校3年生が学校内歴史資料室を利用して昔のくらしを学ぶことに関心があるが、単元の目的や、今後の学習指導要領の改訂についての情報は把握していなかった。とかく大人が作った展示室は、あれもこれもと詰め込み型になりがちで、どんなことを学校内歴史資料室で学んで欲しいのかということを読み取りにくくしてしまう。子どもたちにとってそのような資料室がベストでないことは明らかであり、学校資料や資料室に関わる人々への、子どもた

88 第2章 学校資料を守り、受け継ぐ

ちの学習に関する情報の普及啓発の重要性も再認識させられた。

　保管される学校資料の文化財としての価値は未来にわたって損なわれるものではないが、当館がリニューアルに関わった学校内歴史資料室でも、その後の活用状況によっては、ふたたび埃が積もり始めている資料室もあるだろう。今回改めて、誰のための何のための学校内歴史資料室なのか、学校資料なのかということを考える機会をもらった。繰り返しや自問自答のような内容が多い点はご容赦いただきたいが、今後も資料室のリニューアルや新規の開設は続くことが予想され、着実に学校資料の活用や学校内歴史資料室を舞台とした活動の裾野は広がっていくと感じている。時代や社会などの変化に向き合いつつ、どう学校資料の価値を高め、資料室の必要性を伝えていくのか、このことを考え続けつつ、博物館として学校内歴史資料室に関わる活動をおこなうことが、学校資料の未来を明るく照らし出していくものと考えている。

参考文献

「田奈小学校新校舎落成祝賀式典要項」（横浜市立田奈小学校田奈小落成祝賀委員会、1975年）

『田奈小郷土学習資料館手びき　田奈小百年の教育―事実は語る―』（横浜市立田奈小学校、1977年）

『田奈小の史実にみる学制の定着度』（横浜市立田奈小学校、1978年）

地域博物館と学校資料

実 松 幸 男

1 地域博物館と学校資料

　地域の博物館の運営や文化財の保護、自治体史の編纂などに携わっていると、学校が所有・保管する歴史資料や民俗資料・考古資料・自然資料に接することがある。筆者は、市町村の博物館類似施設である埼玉県春日部市郷土資料館(以下、「郷土資料館」と記す)(1)に籍を置くが、1991(平成3)年の着任当初より、館蔵民具の保管と展示のため、学校の余裕教室の利用(2)という形で小学校と関わっていた。これらは厳密には、本書のテーマである「学校資料」とはいえないかもしれない(3)。ただ、筆者の場合は、このように館蔵資料の保管問題や展示活用の面から学校と関わりを持つことで、館蔵資料とは別に、市内の小学校で独自に収集された民具類があり、かつ郷土資料室などの教室で展示が行われていることを知ることができた。筆者が着任した1991(平成3)年～92年当時、旧春日部市内小学校20校(4)のうち、少なくとも4校以上に学校収集の民具収蔵室・郷土資料室が存在していた(5)。

　また、民具や埋蔵文化財を収蔵しているだけで活用していない場合はともかく、学校内で展示室として活用されているのであれば、地域資料を展示する施設として一括りに取り扱ってみることも、あながち無意味ではないと考える。後述するように、市町村での地域博物館成立の前段階として、地域資料の展示室が学校内に設けられていた場合が、一部にみられたのである。

　そこで本稿では、地域博物館と学校資料の関係を考えてみるために、郷土資料館の館蔵資料も含む地域資料の展示の場として小学校の郷土資料室を捉えて、そこから学校資料の問題について考えてみたい。さらに、学校資料を歴史資料として郷土資料館が受け入れた例を紹介し、学校資料の保存と活用のあり方について、例示してみたい。

90　第2章　学校資料を守り、受け継ぐ

　しかしここでは、地域博物館と学校資料の関係について、何らかの結論め
いたことを導き出すことはできない。理想像を語ることは、おそらくそう難
しくないのかも知れないが、現実に地域資料の調査・保存に関わる立場の人
たちにとっては、さまざまな学校資料との向き合い方が存在するのであり、
ここで述べるのは、地域博物館での単なる一事例にすぎない。事例の積み上
げの段階から次へ進む必要があるとの指摘は正しい[6]が、さりとてどのよう
うに関わればよいか悩む担当者も現状では存在すると思われ、筆者もその一
人といってよい。まして、少子化の進行により、学校の統廃合が加速してい
るのが昨今の動向である[7]。正解とはいえなくとも、実例を示すことによ
って、学校資料について議論や実践を導き出せれば幸いである。

　ところで、「学校資料」の定義については、学校に所在・関連する全ての
資料（収集品・地域資料を含む）を対象とする広義の定義から、教育に関わる
もの、当該学校で作成・利用されたもののみに絞る狭義の定義まで、それぞ
れの立場により多様であるといえよう。地域資料として学校資料を捉えてみ
るため、2016（平成28）年の地方史研究協議会主催・横浜市歴史博物館共催の
シンポジウムでは、全体としては広義に「学校資料」の語を用いた[8]。本
稿でも同様の立場から、広義に「学校資料」を用いる。

　これについては議論が拡散し焦点がぼやける可能性も含むが、地域博物館
の学芸員や地域の文化財行政の担当者、地域史編纂の担当者が学校資料と関
わる場合は、地域資料としての価値付けが不可欠であるとの考えによるもの
である。もちろん学校資料は地域資料としての価値付けだけではなく、教育
史・部門史・分野史の資料としての価値もあり、それらも同様に重要である。
資料の地域性がないからという理由だけで、学校資料をはじいてしまうよう
な思考は適切ではない。ただ、地域博物館の立場からすると、地域資料とし
ての価値付けをまずは考えてみたいということである。

2　民具展示室と郷土資料室　2つの事例から

　本項では、春日部市内に昭和末から平成初期にかけて学校内に設けられた
2つの展示室を紹介する。

2-1 粕壁小学校

　まず一つは、春日部市教育委員会で収集され、1990（平成 2 年）以降は郷土資料館所蔵の民俗資料となる民具の展示室についてである。粕壁小学校の木造校舎(9)内の民具展示室にあったものである。

　旧春日部市では、昭和40年代に「わが町の宝物展」と題した展示会が開催されたようだが、詳細は不明で、行政による資料の収集もなされていなかった。市教育委員会による資料収集の実施については、1977（昭和52）年から始められ、1979（昭和54）年には、粕壁小学校木造校舎に収蔵室 1 室、展示室 2 室、豊春小学校木造校舎に収蔵室 2 室を開設したという。本格的な民具収蔵展示室が開設されたのは、翌1980（昭和55）年のことであった。粕壁小学校の収蔵・展示室には、ガス消火設備を設置するなど、資料の収蔵を考えた教室の改装も一部行われたようである。公開期間は小学校の春休み期間中、3 月下旬の 1 週間程度で、寄贈者79名からの寄贈資料426点を公開し、木造校舎解体まで行われた。1985（昭和60）年の時点では、宿場町や農村の日常生活に関わる資料、水田・畑耕作に関する資料、養蚕・消防などに関わる民具を中心に、1,004点が収集されていた(10)。

　なお、旧春日部市では、1986（昭和61）年に、はじめて考古系（埋蔵文化財担当）の専門職員（学芸員）が採用され、いわゆる行政発掘が行われるようになった。その成果として、市内の遺跡の出土品を1987（昭和62）年 5 月に、民具展示室のある粕壁小学校で 1 週間程度公開している。部分公開というかたちではあるが、民俗資料・考古資料などの各種歴史的資料を展示公開し収蔵する施設が、学校未使用の木造校舎を利用して設けられていた点は注意したい。

　新設の博物館施設がない基礎的自治体であっても、こうしたかたちで地域博物館前史ともいえる施設があり活動をしていたことは、後の展開を考えると大変重要であった。例えば埼玉東部地区では、1994（平成 6 ）年ごろには、旧校舎や旧講堂など学校施設を利用して、草加市、三郷市、白岡町（現白岡市）などに民俗資料や歴史資料・考古資料を展示・収蔵する歴史民俗資料館・郷土資料館が存在しており(11)、新築・単独の地域博物館ではないものの、地域資料の収集・保存や展示を行っていたケースがみられる。

92 　第2章　学校資料を守り、受け継ぐ

　春日部市では、昭和末に民具展示室・収蔵室のあった粕壁小学校の木造校舎を建て替えて複合施設である教育センター(12)を建設する構想が立ち上がり、市の文化財調査委員会の中で「郷土資料館展示基本構想」が策定された。当初は、教育センター内に郷土資料館を開設するという構想ではなかったようであるが、最終的には、小規模ながら地域博物館機能を有する郷土資料館が設置された。

　ここで問題となったのが、建て替え予定の粕壁小学校木造校舎内の民具展示室・収蔵室の資料である。詳細は不明ではあるが、展示室部分については旧沼端小学校(13)へ、同校児童が地域学習で利用するための郷土資料室として移動された。郷土資料館開館後も展示空間が狭隘であったため、開館以前に収集した民具資料はほとんど展示できなかった状況であった。

2-2　藤塚小学校

　次に、学校独自に収集され、開設された郷土資料室の例として、経緯が判明する藤塚小学校の郷土資料室を紹介する。1979(昭和54)年開校の同校では、1991(平成3)年に当時の地元地区長と学校側の意見交換を経て、地域の農具・道具の収集と展示を行い、児童の教材として教科指導等に活用し、郷土の文化財として大切に保存し伝承していくため、郷土資料室を設置した(14)。展示品目録台帳によると、1991(平成3)年の収集開始から1997年にかけて、旧家を中心に地区の資料収集を行い、直接的には20名の方から寄贈・協力を受け、資料名称などの台帳作成のための調査も行った。調査については、地区長の方を中心に行ったようである。

　「収蔵品目録と解説」の章は9項目に分けられ、1　一般農具(2点)、2　一般道具(72点)、3　水田作業の農具と道具(19点)、4　畑作業の農具と道具(8点)、5　生活道具・用具(122点ほか)、6　その他のもの(麦や稲穂、米俵、各種の炭ほか参考資料)、7　資料・史料(地図、寺社、年表、藤塚橋記念碑解読、写真等)、8　年中行事(お日待ち／木綿棒様／早苗振／菖蒲湯／端午の節句／柚子湯／お盆／節分／初午／御備社／正月・旧正月／七夕／十五夜／天王様／桃の節句／十日夜／春の七草／秋の七草／お湿り正月／百万遍)が解説付きで載る。9　民話・伝承・芸能他　は調査中となっており、本格的

地域博物館と学校資料（実松）　93

な民俗調査報告の体裁を整えようとしていたことがわかる。

　この当時、春日部市郷土資料館や文化財係では、こうした個々の学校ごとの動向を把握していなかった。他校にも民具を中心とした郷土資料室が存在するが、藤塚小学校の場合は展示品目録が作成されたことで、はじめてこうした経緯がわかったのである。旧春日部市の時代では、文化財行政は埋蔵文化財と民俗芸能の継承が主要な課題であり、郷土資料館では、展示会・講座などの開催と館蔵の資料の保管で手一杯であったことにもよる[15]。現時点からみれば大きな反省点であり、当時いわゆる博学連携事業として進めていた小学校の郷土資料館見学や資料利用の促進だけではなく、所管の問題はあるにせよ学校所在の資料についても把握し調査すべきであった。特に民具などの民俗資料については、使用者や話者が存在するか否かによって聴き取りの内容や精度が大きく異なってきてしまう。郷土資料館で対応することが難しくとも、例えば市史編纂や文化財の調査などに組み入れることはできなかったか、専門職員の人数や専門分野の問題があったにせよ、今後失敗を繰り返さないように努めたい。

　さて、市収集（館蔵）の資料の展示・収蔵のための郷土資料室と、学校で個別に学区周辺から収集された資料を展示・収蔵する郷土資料室、それぞれ経緯は異なるとはいえ、双方ともに地域学習で利用される場となった。行政的な実務上は収集の経緯・来歴が異なるとはいえ、実際に展示してある主な資料は、市内あるいは地区内で使われた、地域の生活や歴史・文化を語る民俗資料である。地元の方々の協力でできた藤塚小学校の事例では、単に実物を展示するだけではなく、地区の地図や写真・文化財の紹介など、地域の歴史・文化的概要を紹介する資料も展示されていた。地域学習の教材としてだけではなく、地域の生活文化を伝えたいとする展示の意図があったことは重要であり、注意しておきたい。

3　新たな小学校郷土資料室の開設・整備

　2014（平成26）年、民具などの郷土博物館の館蔵資料や、その他の埋蔵文化財、市史資料などを収蔵していた旧沼端小学校が使用できなくなることが決

まり、同年度内に市内各所に緊急に分散収蔵することになった。収蔵には市有諸施設の活用、とりわけ小学校の余裕教室の活用を図ることとなった。春日部市に限らず、こうした資料収蔵場所の問題は、基礎的自治体の地域博物館や文化財行政にとっては、たいへん大きな問題でもあると認識しているが、ここでは「学校資料」がテーマであるので、小学校における郷土資料室開設についてのみ述べる。余裕教室の利用にあたり、資料の収蔵のみではなく、資料の利活用をどのようにするのか、といった点が部内でも問題となった。やはり、管理等を学校側にお願いする以上、学校側にも利点がないと難しいだろうという点の懸念であった。そこで、館蔵資料の問題とは別件で藤塚小学校から相談を受けていた同校郷土資料室・学習室の整備を同年に行い、整備のモデルケースとし、郷土資料室の新設という形で民具を主とする館蔵資料を展示することとした。

　藤塚小学校の郷土資料室・学習室は、前述の地区収集民具等を展示した部屋である。設置された1997（平成9）年から15年以上経過し、清掃等、最低限の維持・補修は行われていたが、より利用しやすくしたいとのことであった。そのため、以前の展示品等は活かしつつ、パネルやキャプションをカラー化し、イラストを加えるなど作成し直し、手直しを行った。この時、特に意識したのは、児童が地域学習で利用することを前提としながらも、藤塚小学校の属する豊野地区[16]の歴史的概要を、教員や保護者の方が理解できるよう工夫することである。

　「川と伝説のまち　春日部」（春日部の特徴である河川の歴史）、「豊野地区の移り変わり」（大字ごとの人口の推移など）、「豊野地区周辺の宝もの」（文化財と社寺、民俗芸能など）、「地名のふしぎ？　豊野編」（豊野地区と旧村の地名）、「豊野の新しい地名」（工業団地や新興住宅地などの地名）、「豊野の伝説・昔話」、「国境のうつりかわり」、「ふじつか写真館」など、河川・地名・文化財・伝説・古写真など、特徴的な事項についてパネルを作成し掲示した。加えて、「かすかべ郷土カルタ」[17]にある豊野地区関連の札をパネル化して展示し、児童の興味・関心を引くよう配慮した。

　大人と子ども双方への配慮とともに、もともと地区の資料を収集して展示していたこともあって、地域性が理解できるような展示を目指した。技法と

地域博物館と学校資料（実松） 95

図　パネルの例

①「地名のふしぎ？ 豊野編」

②「豊野の新しい地名」

③「豊野の伝説・昔話」「国境のうつりかわり」

藤塚小学校郷土資料室の農具の展示

96 第2章 学校資料を守り、受け継ぐ

しては、身近に資料を感じてもらうため、資料と見学者との距離や体験を重視した。また、展示資料リストとパネルの内容を印刷した簡易なパンフレット（全16頁・内部印刷）を作成し、活用の便を図った。

このような藤塚小学校の郷土資料室をモデルに、新たに館蔵資料を搬入し展示する郷土資料室でも、各小学校の所在する地域の歴史的な特徴を意識した展示を目指した。そのため、藤塚小学校で試みた地域関連のパネルの作成に加えて、小学校所在地に近い遺跡の出土品も展示すること、小学校が所在する地区で収集された民具を優先的に展示すること、の2点に留意した。民具に関しては、品種のばらつきが逆に特徴となるのではと考えたが、実際にやってみると、農具や生活用具など、小学校の展示室としては外せない展示品があり、小学校付近で使われた本物であるという親近感を演出する程度になってしまった。この点、たとえ単品の資料であっても、きちんとした調査の裏付けがあって地域性や特徴が浮かび上がるものであれば理想的であろう。

別の小学校（武里小学校）では、館蔵品のうち、武里尋常小学校時代から1969（昭和44）年の校舎改築まで使われていた同校ゆかりのオルガンや、当時使用した教科書など、ゆかりの歴史資料を展示した。前者は民間に伝来していた学校資料の里帰りであり、後者は資料館への寄贈資料を追加したものである。

表はこの時の設置・整備の状況を示したもので、2017（平成29）年時点では、市内小学校24校中6校を館蔵資料で新設し、別に個別に各小学校で収集した民具の展示室が6校あった。紙数もあり、個々の郷土資料室については触れ得ない。ただ、2015（平成27）年は5校の新設があったため、郷土資料館の資料の移動とその展示でスケジュール的に厳しく、展示内容については各校とも改良の余地は残る。

春日部市内の小学校郷土資料室は、館蔵資料と小学校収集資料が混在する形で小学校に設けられている。そのうち、新設および整備済みの郷土資料室は、博学連携として児童の地域学習での活用だけでなく、市内各地区で使われた民具等を展示し、小学校が所在する地区の歴史的概要がわかる内容とする地域資料館的な展示とした。こうしてみてみると、資料収集の経緯や来歴の差異はあれ、少なくとも小学校で収集された民具と館蔵の民具との資料内

地域博物館と学校資料（実松）　97

表　小学校郷土資料室の設置・整備状況(2017年3月時点)

年　次	学校名	設置場所	備　　考
2014年度整備	藤塚小学校	藤塚82-2	小学校収集民具
2014年度整備	豊春小学校	道順川戸37-1	小学校収集民具
2015年度新設	幸松小学校	八丁目353-1	
2015年度新設	武里小学校	備後西5-5-2	
2015年度新設	立野小学校	南中曽根1074	
2015年度新設	豊野小学校	銚子口1087	
2015年度新設	南桜井小学校	下柳3	
2016年度新設	備後小学校	備後西3-2-1	
既設	宮川小学校	新方袋1090	小学校収集民具
既設	正善小学校	備後東6-2-1	小学校収集民具
既設	小渕小学校	小渕905-1	小学校収集民具
既設	牛島小学校	牛島1080	小学校収集民具

容は同じであるといってよい。当初の収集の目的が、学校での教材利用か否かということであり、しかも学校収集民具であっても藤塚小学校のように、地元の協力のもと、地域の民具であることに価値を見出した例もある。小学校で収集された民具などは、地域資料としての価値付けを行うことによって、教材的な役割とは別な意味の、地域史を物語る資料となる可能性を持つと考える[18]。

4　郷土資料室と地域資料

　ここまで述べてきた小学校に設置された郷土資料室についての話は、果たして「学校資料」を論じているのか、郷土資料室の展示資料を地域資料として取り扱うことで、学校が主体として作成・収集された以外の資料を対象としてしまい、地域博物館の博学連携の事例にはなるものの、「学校資料」の話としては議論を拡散しているだけではないか、という疑問が生まれよう。最初に述べたように、筆者もそうした意見は十分理解できるし、資料論として学校資料を取り扱うのであれば、やはり来歴や性質を丁寧に分類し、それ

れの専門によって、その特質を論じていくのが正しいだろう。

　しかしあえてこうした整理されていない記述を続けた理由は、基礎的自治体の地域博物館の活動や文化財行政に関わっている場合、収蔵資料の保管場所問題[19]と博学連携の取り組みは必須の課題・活動であり、実はこうした地域博物館側の事情から出発して「学校資料」との関わりを持つ場合が、現実には多いのではないかと思っているからである。春日部市の場合は、来歴にかかわらず、民具を地域資料と捉えることで、学校の郷土資料室での展示を進めることができた。また、資料室を整備することで、校長室や倉庫に眠っていた学校所有の文書や古写真、印刷刊行物などの所在が確認されることがあり、保存のため郷土資料館へ寄贈された例も生まれた[20]。体系的・計画的な調査ができればそれに越したことはないが、郷土資料室を設置・整備する過程で、学校側に校史や諸資料について注意喚起できたことはよかったと思っている。

　では、学校資料の活用、郷土資料室の運営という点ではどうであろうか。実際のところは、従来型の利用である小学校での児童の地域学習や歴史学習に、教材として活用される場合がほとんどである。特に地域との関わりを重視した展示を行ったにもかかわらず、例えば総合的学習であったり、また教職員の研修であったり、保護者や地域の方の見学利用であったり、といった使用例は、ほとんど把握していない。これは、郷土資料室の運営を学校に委ねてしまっているためであり、横浜市などの先進的な事例を見ると、地域住民の方も含めたさまざまな運営のあり方があり、実績も積まれてきている。郷土資料館としては今後の課題である。ただ、この利用・活用の問題は、「学校資料」を調査し保存する意義を見出す上で、看過できない問題である。本稿では学校資料を地域資料として捉えて、郷土資料室での展示例を紹介してきたので、これは地域資料の調査・保存の意義にも通じる。その意味では、学校教育（児童・生徒、教職員、保護者）での利用とともに、地域の方の利用をどのように促進していくかという点が大切になろう。藤塚小学校の民具収集と郷土資料室・学習室での展示のような、地元の方による活動があるのであれば理想的である[21]。

　筆者を含め学芸員や専門の担当者は、歴史資料や地域資料の価値を知るが

ゆえに、比較的無前提に学校資料も含めて各種資料を残すことに努めてきた。しかし、現実には資料収蔵スペースや学校収集資料の存在、学校に限っても統廃合にともなう校舎など施設も含めた記録保存など、大きな問題も抱えており、一筋縄ではいかない。先を見通した話はできないが、地域にくらした人々の存在と人々の活動をどれだけ伝えることができるか、そのために学校資料、地域資料は価値があるのだということを示していくほかない。そうすると郷土資料室は地域博物館の分室的な役割を持ちうるものであり、大きな可能性を秘めているものだといえよう。

5　学校資料の利用・活用と研究

　地域博物館と「学校資料」との関わりでは、地域博物館への移管や寄贈が一般的だろう。例えば郷土資料館でも、粕壁小学校から、書画18点、歴史資料5点、図書233点の寄託を受けている。このうち、歴史資料5点は、明治期の文部省『小学読本』巻一の版木1点と、1923(大正12)年『大震災記念児童文集』4点であり、特に後者は、学校資料としてだけではなく地域の歴史資料として貴重なものである[22]。

　粕壁小学校では、2014(平成26)年3月に、東日本大震災から3年、関東大震災から90年経たことから、この児童文集を再編集して小冊子を作成し、同校で児童や保護者に紹介した[23]。90年の時を挟んで、同じ小学校に通った児童から児童へ、地震の記憶や町の記憶が記録によって伝えられる意義は大きいだろう。

　さらに2017(平成29)年には、栄東中学・高等学校理科研究部による埼玉県内の関東大震災の記録を調べる歴史地震研究で、春日部市の事例として調査され報告された[24]。研究のテーマは、石碑等を含む自身の記録から、地震の状況・被害状況を丁寧に読み取り、今日の防災や震災への備えとしたいというものである。そこには、粕壁町と東京方面の被害状況を記した上記の児童文集所収の児童の作文を抄録し、1935(昭和10)年出版の『大正十二年　粕壁町震災写真帳』(粕壁町教育会編輯)の紹介が載る。「おわりに」では、「現在、春日部市内を歩いてみても…震災当時の面影を現地でみることはできな

100 第2章 学校資料を守り、受け継ぐ

い。本稿で紹介したような記録を大切に保存すると同時に、後世にも引き継ぐ必要性を感じる」、「児童文集の中で、複数の児童が「地震がやんだから立とうとしたらまた揺れ出した」というような記述をしている。この余震と春日部市内での揺れとの関係性を調べるため、今後は児童が書いた作文1つ1つをさらに詳しく調べたい」と、資料保存と文集の記述の価値についてふれられている。

この児童文集には、東京などの記述もあることから、春日部の町だけでなく、他地域の被災状況や大正期の町の様子が復元できる価値の高い史料であるということが、この研究によって認められたといえよう。さらにここでは、こうした記録を保存し後世へ引き継ぐ大切さも訴えている。

この児童文集は、資料としての価値付けがしやすい、わかりやすい例である。このような資料の利用によって、多くの人々に学校資料の存在と価値を伝え、学術的な調査・研究によってさまざまな価値を見出していくことは、どの学校資料にとっても基本であり大切だ、ということを気付かせてくれるものである[25]。学校資料を地域資料として捉える立場からすると、当然、地域資料としての価値を見出すことについても同様のことがいえよう。

以上、春日部市郷土資料館の事例を、特に市町村で実際に地域資料の調査・保存・活用に関わっている者の立場から、「学校資料」と地域博物館の関連について述べてみた。本文中危惧した通り、散漫な内容になってしまった。しかし、この散漫さこそが、当館における偽らざる現状でもある。文中論じた課題については繰り返さないが、各地で試みられている地域・学校等との協働・連携とともに、最後に述べた学校資料の利用を通じた研究の蓄積が、学校資料・地域資料としての価値を見出していくことになる。学校資料を伝えていくためには、学校資料を用いた地域史研究を深化させていくこと、そしてその成果を発信していくことも一層望まれよう。

註

(1) 1990（平成2）年7月開館。教育委員会事務局、視聴覚センター、教育相談センターからなる複合施設である、春日部市教育センター（春日部市粕壁東

3-2-15)の一施設。概要や活動については、拙稿「歴史系地域博物館の現状と課題―春日部市郷土資料館の事例から―」(日本歴史学協会『年報』27、2012年)を参照されたい。現在は、教育委員会社会教育部文化財保護課所管の一施設である。

（２）春日部市立粕壁小学校(春日部市粕壁東3-2-19)の木造校舎には、1980(昭和55)年から設置されていた民具展示室(後に資料を旧沼端小学校へ移動)と、民具などの民俗資料を収蔵する部屋があった。これについては後述する。このほか、文化財担当者(社会教育課)の所管する、埋蔵文化財(考古資料)の整理室と保管室があった。

（３）いわゆる博学連携の利用や地域博物館の収蔵資料の保管問題の解決策としての余裕教室や学校施設の利用ということである。もちろん授業等で教材や地域資料として児童・生徒の利用はあるが、純粋な学校資料ではない。

（４）2005(平成17)年、旧春日部市は北葛飾郡庄和町と新設合併し、現在の春日部市となる。この平成の合併以前を「旧春日部市」と表現する。

（５）筆者の記憶のうち確実なもの。2003(平成15)年に統廃合された小学校を含む。なお、合併後の2017(平成29)年時点で24校中６校に小学校独自収集の民具の所在を確認している。後掲の表「小学校郷土資料室の設置・整備状況」を参照。

（６）和崎光太郎「学校所蔵史料の保存と活用―京都市を事例として―」(日本歴史学協会『年報』31、2016年)、和崎光太郎・小山元孝・冨岡勝「学校史資料論の構築に向けて―活用と分類・学校統廃合・アーカイヴズ―」(『近畿大学教育論叢』28-２、2017年)など。和崎氏はそこで、自身の調査や活用実践に立脚して、今、学校史資料の保存と活用の問題解決に求められているのは、事例から飛躍した「啓蒙ではなく対話であり、「べきだ論」ではなく、現状を変えるための具体的提言と実践である」と提言する。学校資料の価値を、歴史研究者だけではなく、学校や地域に関わる多くの人々に認識してもらうことが大切であるとする。

（７）文部科学省の2016(平成28)年度学校基本調査によると、公立小学校の学校数は1989(平成元)年24,608校だったのに対し、2018年には19,591校と、統廃合などにより5,017校もの減となっている。

（８）「小特集　学校資料シンポジウム『学校資料の未来―地域資料としての保存と活用―』」(『地方史研究』391、2018年)参照。

（９）1939(昭和14)年築の木造２階建て校舎で、春日部市教育センターを建設するため、1988(昭和63)年に解体された。民具展示室開室時は、教室としての

102 第2章 学校資料を守り、受け継ぐ

利用はされていなかった。なお、昭和期の春日部市の民具収集については、
『民具収蔵展示室公開』と題した簿冊が春日部市郷土資料館に伝わっており、
関連の記述はこれによる。

(10) 『広報かすかべ』344(春日部市、1985年5月号)。同号には、1985(昭和60)
年5～6月までの一般公開に関する特集記事が載る。

(11) 草加市立歴史民俗資料館(草加小学校)、三郷市立郷土資料館(彦成小学校)、
白岡町立大山民俗資料館(大山小学校)など。埼玉県博物館連絡協議会編『あ
なたの街の博物館』(幹書房、1994年)などを参照。

(12) 春日部市教育センターについては、註(1)参照。

(13) 1976(昭和51)年4月開校、2003(平成15)年3月閉校。春日部市大場128番
地1に所在した。なお閉校後、民具、埋蔵文化財、市史編纂資料などを集約
的に保管する収蔵庫として活用してきたが、売却が決まり、2015(平成27)年
3月に収蔵資料は各所に移転した。

(14) 藤塚小学校郷土資料室・学習室関係の経緯については、全て1997(平成9)
年6月に藤塚小学校で編集された『郷土資料室・郷土学習室　展示品目録台
帳』による。

(15) 現状でも、郷土資料館の大きな課題は、収集資料の整理と保管場所の確保
である。拙稿註(1)参照。

(16) 旧春日部市域は1889(明治22)年の合併町村である粕壁・内牧・豊春・武
里・幸松・豊野と、旧庄和町域全体である庄和の7地区に行政上分けられて
いる。各地区の特徴もあることから、藤塚小学校が属する豊野地区の歴史や
伝承・文化財について解説するパネルを作成した。

(17) 小学生向けのカルタ。春日部の歴史・文化・自然・風土・人・特産品・風
景など、市に関わる事項を札として、郷土愛の育みや家族・地域のふれあい
のために作成されたもの。年1回、市教育委員会主催の郷土かるた大会も開
かれており、盛況である。

(18) 例えば、学校収集の各種資料室を学校内歴史資料室として整備・活用した
横浜市歴史博物館では、「よみがえる学校の文化財」展(2011(平成23)年7月
23日～9月4日開催)にて、各種資料の種別紹介や同種の民具を集合し考察
した展示を行っている。地域の文化財として、学校資料を取り上げた好例と
いえる。同館は、「博物館デビュー支援事業」として、市内の学校内歴史資
料室を調査し、リニューアルと活用の先駆的な試みを行っている館として著
名である。『文化庁 地域と共働した美術館・歴史博物館創造活動支援事業
平成25年度「学校内歴史資料室を活用した博物館デビュー支援事業」年報』

地域博物館と学校資料（実松）　103

（博物館デビュー支援事業実行委員会、横浜市歴史博物館編、2013年）ほか各年次の年報と、本書所収の羽毛田智幸氏の論考などを参照。なお、藤塚小学校の事例では、昭和30年代（1955〜64年）の豊野青果組合の桃出荷用の木箱が1点含まれており、現在は住宅地となった藤塚地区では完全に消滅した果樹栽培について知ることのできる貴重な実物資料である。また、同校で使ったと思われる木製のバトンも残されていた。これは、地域資料としてというより、学校の古い用具としての価値があろうか。こういった例は枚挙にいとまがない。小学校の郷土資料室で展示を行っているとともに、郷土資料館の企画展示で展示することもある。

(19)　特に民具と埋蔵文化財については、収蔵スペースと管理の問題を抱えている自治体が多いと思う。地域博物館が設置されていても、別に収蔵場所を確保しているケースは、例えば埼玉東部地区の地域博物館ほぼ全てにみられる。博物館施設を持たない自治体ではなおさらである。

(20)　幸松小学校の非現用の学校文書91点を調査し、2016（平成28）年に寄贈を受けた。1902（明治35）年度の幸松尋常小学校「職員出勤簿」を上限とし、1986（昭和61）年を下限とする。職員関係の簿冊が中心で、昭和20年代（1945〜54年）までが多い。保管の経緯は不明。このほかに、別途学校で保管しているアルバムや日誌等22点がある。

(21)　学校側でも、教職員に専門的な運営を行ってもらえると理想的であろう。教職員向けの資料取り扱い講習や地域史講座、地域博物館利用法などの研修は、実践されている地域博物館や自治体もあろう。もちろん、横浜市のような実行委員会形式で、教職員・学芸員・地元の方々が協働する場があってもよい。少し古い事例だが、博物館学の側では、郷土資料室など資料取り扱いの観点から、学校司書の博物館版である学校学芸員設置の提案もある（加藤有次『博物館学序論』雄山閣、1977年、119頁）。地域博物館と学校との関係、そしてそれぞれの地域住民との関係が問われる問題である。正直なところ、人的資源が限られる地域博物館や文化財行政の担当者のみが主導して運営していくのは、無理がある。教職員はもちろんのこと、ボランティアや地域コミュニティーの活動も含めて、協働を進めていくことが大切だろう。

(22)　尋常科3学年と、4学年・5学年のものと、高等科のものが伝来。作文は震災後10〜11月にかけて全児童によって書かれたようである。粕壁町は川口町（現川口市）、幸手町（現幸手市）と並ぶ関東大震災の埼玉県内三大被害地として知られ、1,222世帯中、全壊305戸、半壊341戸、人口5,813人中、死者29人を数えた。なお、粕壁小学校の教育関係資料は別に埼玉県立文書館へも寄

贈されている。

(23) 粕壁小学校編『あれから3年　3.11を前に　大震災記念児童文集』(2014年)。当時の校長先生のご尽力で作成された、児童文集(部分)の写真と翻刻、関東大震災時の写真、東日本大震災時の写真が載る24頁の冊子である。東日本大震災についての授業時に利用された。

(24) 栄東中学・高等学校、荒井賢一・小林雄介・竹原輝・高木駿・山浦照良・安倍聡志・北廣創史「[報告]埼玉県春日部市郷土資料館に残る1923年関東地震に関する記録〜大震災記念児童文集と大正12年粕壁町震災写真帳〜」(歴史地震研究会編『歴史地震』32、2017年)。

(25) 本書にも寄稿されている大平聡氏の一連の活動は、地域史研究の資料としての学校資料を価値付けている(『学校資料の史料化と学校資料に基づく地域史叙述の可能性』(2013〜2016年度科学研究費基盤研究報告書)ほか)。

学校資料の保存と活用
——その現状と課題——

和 崎 光太郎

はじめに

　学校資料とは何か。当然ながら、学校所蔵資料や学校所在資料とは意味が異なる。本稿では、学校資料を文字通り「学校に関するあらゆる資料」と定義し、学校にある(あった)資料だけではなく、個人宅や地域の自治会館などにある(あった)学校関連の資料も含めて論じる。ここにいう「資料」とは、史料を含み、史資料と同義である。「学校」は、基本的に学校教育法第一条に示されている学校(いわゆる「一条校」)を意味するが、本稿では主に小学校・中学校・高等学校を念頭に置いて議論を進める(1)。

　寺社や個人宅の資料調査にあたっては、事前に調査対象の寺社や個人宅の歴史を調べておくことは、当然のことであろう。これと同様に、学校資料の調査にあたっては事前に調査対象となる学校の歴史(その学校が地域でどのような役割を果たしてきたのか(2)を含む)をある程度理解した上でなければならないということは、明白である。

　ただし、学校資料の保存と活用を論じるにあたっては、一般的な資料論の枠組みをそのまま学校資料にスライドさせて論じるだけでは不十分であり、まずは学校資料固有の問題があるということを理解する必要がある。ゆえに少々回り道になるが、本稿では初めに、学校資料が置かれた現状の問題点とその解決のための課題を明確にしておく。その上で、具体的な事例(3)をもとに学校資料の保存を、次いでその活用のあり方を論じる。

1　学校資料の何が問題か

　学校資料の散逸と廃棄が止まらないという指摘(4)は、1970年代から繰り

返されており、このことは指摘が繰り返されているにもかかわらず散逸と廃棄が止まっていない、ということを意味する。なぜ、指摘が繰り返されているにもかかわらず散逸と廃棄が止まらないのであろうか。

　まず、【問題①：縦の連携不足】がある。「散逸と廃棄が問題だ」と言われながらも、その問題が提起されている論考などにおいて、踏まえるべき先行研究が踏まえられていないことが多々ある。同じような言説が生産され続けることは全くの無意味ではないが、現状では散逸・廃棄を食い止める実践がPDCAサイクル（Plan計画→Do実行→Check評価→Action改善）になっていないのは明白である。

　次に、【問題②：横の連携不足】、つまり様々な学会や研究会の間、研究者の間での連携不足が挙げられる。その結果、学校資料について各々の立場から、各々の学校資料のイメージをもとに、各々が学校資料を論じているという、バラバラな状態になってしまっている。つまり、ある分野史を専攻する者はその分野史の視点からだけで学校資料を見がちである。これは当然のことではあるのだが、学校資料の活用を単なる手段として考えるのではなく、その活用の可能性を同時に目的とする視点が欠落すると、学校資料論にはならない。学校資料を論じるということは、自分の専攻領域や実績などは脇に置いておき、学校資料そのもの、つまり学校資料がどこで、どのような状況で、どのような人によってどう思われて（考えられて・使われて）いるのか、そしてその現状を具体的かつ現実的にどうやって変えていったらいいのか、などを考えていかなければならない。

　この、問題①②の根底にあるのは、「資料の散逸と廃棄がなぜ問題であり続けてしまったのか」という視点の欠落であり、その結果、【問題③：「べきだ論」の再生産】という事態が起こる。筆者はかつて、以下のように述べた。

　　「べきだ論」でよくあるパターンは、史資料の散逸・廃棄の現状を報告する、または史資料レスキューの事例を報告するなどして、最後に教育現場・教育委員会の史資料に対しての「意識の低さ」「良識の欠如」を嘆くといった類（中略）それは「自分は取り組みました」という免罪符のもとでの、自分の実践範囲以外での責任放棄と表裏一体なのではなかろうか(5)。

つまり、普段は実証的な研究をしている「専門家」が、現代的な問題提起になると、急に実証性のほとんどない「意識」「良識」レベルの提言をすることがあるのではないか、ということである。加えて、研究者やMLA（Museum博物館、Library図書館、Archives文書館）関係者（学芸員・司書・アーキビスト）の「自分ができた」が、容易に「他人もできる（すべき）」へと飛躍する結論になっていることもある。

この問題③の結果、【問題④：具体的・現実的・効果的な問題解決方法にいたらない】という現状にいたる。しかも、ある一つの学校の所在資料を論じるのではなく、自治体単位での学校群(6)の資料をどう保存・活用するかという問題については、解決方法にいたらないどころか、議論すらほとんどされていない。ゆえに本稿後半部分では、この問題解決へのアプローチを試みたい。

2　我々が取り組むべき課題は何か

では、我々が取り組むべき課題は何であろうか。結論を先取りすることになるが、ここで簡潔に述べておきたい。

まず、【課題①：身近な学校資料の散逸・廃棄を防ぐ】という喫緊の課題がある。ただし、これは学校資料をレスキューして目録を作ることだけを意味するのではない。それと同時に、もしくはそれ以上に、学校資料の「活用」を進めることが必要である。ここにいう「活用」とは、普段は学校資料と関わりのない人に学校資料の価値を発信することである(7)。価値が知られていない資料を保存するというのは、よほどヒト・モノ・カネに恵まれている環境でもない限り不可能であり、いわんや今日のご時世では税金を使うのならばなおさらである。だからといって、啓蒙主義的(8)に学校教員・行政職員などの学校資料についての「認識不足」や「意識の低さ」を嘆いても、現状は何も変わらないどころか、反感を買い逆効果になる恐れすらある。

散逸・廃棄を防ぐためには、まず学校資料の価値を発信しなければならない。しかもその発信は、身内や問題意識のある人たちの集まりに向かってではなく、その外部に届く言葉と媒体で、発信しなければならない。例えば、

108　第2章　学校資料を守り、受け継ぐ

講演会やコラム執筆の機会を利用するとよいであろう。ゆえに「活用」にあたって必要なことは、当然ではあるが、普段は学校資料に興味のない人の感覚を理解することから始めなければならない。

　次の課題は、【課題②：縦横の連携不足の解消】であり、これは課題①を念頭に置いた上での中長期的課題といえよう。では、どうすれば連携不足が解消されるのであろうか。公開講演会や公開シンポジウムなど研究領域を架橋するようなイベントを開催することや、この本のようにさまざまな立場にある者が学校資料について論を寄せ合うという方法が、一例として挙げられる。

　この課題①②に加えて、【課題③：目録の作り方を提示】することが大切であることは論を俟たない。ただし、この課題③も、課題①②を念頭に置いた上での中長期的課題であることを忘れてはならない。別言すれば、課題③からスタートする発想、つまり「とりあえず目録を作ろう」といった発想では、おそらく課題③すら達成されない。というのも、作成したものの「使えない」「使い手がいない」と言われ退けられてしまう「目録」、10年経っても20年経っても更新も訂正もされずに放置される「目録」が出来上がってしまう恐れがあるからである。

　当然ながら、目録作成が学校資料の散逸・廃棄を止めるのに有効であることは周知の通りであるし、実際、筆者も説得戦略としての目録作成に取り組んだことはあるが、ここで言いたいのは「そこに留まってはならない」ということである。ただし、既往の研究においては学校資料の目録作成方法がいくつか提示されてきたものの、それらは分類が細かすぎて汎用性に欠けるか、ある領域（教科書など）に特化した目録かのどちらかになってしまっている。あくまで、「活用」を視野に入れて、さまざまな立場の者が学校資料にアプローチできるように、ということを念頭に置いた目録の作成が必要なのである。

3　学校資料の価値

　先に、「価値が知られていない資料を保存するというのは、よほどヒト・

モノ・カネに恵まれている環境でもない限り不可能」と述べた。1980年代から90年代にかけて各地に博物館が開館していった時期に比べて、現状はかなり由々しき事態になっている。「学校資料が注目されるべき根拠は？」という問いは常に付いて回る。この答えは一見自明のようであっても、それはあくまで学校資料を使って研究や展示を行う者にとっての「自明」にすぎないであろう。普段は学校資料に関わりのない人に対して、その保存を働きかけるための説得戦略を組み立て得る論理が、MLA職員や研究者等に用意されているかといえば、そうではないのである。

　問題の根はさらに深い。価値を共有する以前に、まずは共有すべき価値が何なのかを明らかにしなければならないというのが現状である。「これは何の役に立つのだ」と問われた時に正論を言えたとしても、それはあくまで正論にすぎないのであり、正論である上に相手の価値観に入って行くような答えをその場で出すことが必要なのである。

　例えば、教員や教育委員会職員の説得に有効なのが、王道ではあるが「学校の歴史を知るための資料」という価値提示である。具体的には、学校の片隅にある「古いもの」は、学校記念誌の編纂や教材として「使える」、という説得である。次に、「思い出の場」としての学校を想起する資料、という価値提示がある。これは、学校記念誌の編纂に「使える」に似ているが、学校内展示などを想定しており、よりエモーショナルである。最後に、視点を変えてMLAや教育委員会の管理職を説得する時に有効なのが、教育史や地域史研究の史料としての価値提示である。学校資料が教育史の史料に留まるのではなく、地域史の史料としても「使える」ことをアピールすれば、大学や地域との連携を進めたいMLA・教育委員会にとっては、学校資料は「価値ある資料」だと認識されるであろう。

　このように学校資料に多元的な価値を見出し、その価値をもとにして保存と活用を進めるための説得戦略を組み立てる技が、学校資料の散逸・廃棄を食い止めるためには必要である。学校資料は、寺社や個人の蔵にある文書以上に、その価値をいちいち説明することが求められるのであり、学校資料の代替不可能性を理解してもらうような説得ができるかどうかによって、学校資料の収集・保存には大きな差が出るのである。

110　第2章　学校資料を守り、受け継ぐ

　このように学校資料に価値を見出し、その価値を資料保存のための説得戦略に組み込んでいく作業を進めるにあたって忘れてはならないのが、学校資料のステークホルダー(利害関係者)は、在校生・卒業生・保護者・地域住民・教員・教育委員会職員など、実に幅広いということである。だからこそ、学校資料を論じるにあたってはあらゆる立場を架橋する必要があり、そのためには、「歴史研究のための道具」を超えて学校資料の活用事例を集めて、活用という視点から学校資料を分類することが必要になる(後述)。

4　学校資料の保存

4-1 校舎での保存

　学校資料の保存が他の資料の保存と最も異なる点は、学校資料の多くが校舎(元校舎を含む、以下同)で保存されるということである。その理由は、学校で収集[9]したすべての学校資料をMLAの収蔵庫で保存することは非現実的であるという消極的理由もあるが、積極的な理由として、学校資料は特別な管理が必要でもない限り、できるだけ校舎に留めておかなければ地域の人たちが地域の中で活用することができなくなりがちであるという理由がある。つまり、地域で活用してもらうためには、あえて学校で保存した方が良いのである。

　では、校舎での資料保存にあたっては、どういうことに気を付ければよいのだろうか。基本的には、大学で開講されている学芸員課程の資料保存論で学習することをやっていけばいいのであるが、大学での資料保存論は収蔵庫での保存であることが前提となっており、校舎ではできないことが数多くある。そもそも、校舎で資料保存にあたる教員や教育委員会職員などには、資料保存論を学んだ経験のある者はほとんどいないであろう。

　ゆえに以下では、資料保存論を学んだ経験のない者だけで保存の実務にあたることを前提に、築60年以上の3階建て鉄筋校舎での資料保存を想定し、幾分マニュアル的になるが保存方法の一例を示したい(未知の用語に遭遇した場合は辞書などを活用して補ってもらいたい)。なお、すでに破損した資料、カビのついた資料などへの対応はここでは紹介できないので、国立国会

図書館のホームページ(10)などを参照されたい。

　保存にあたって最も気をつけねばならないのは湿度であり、次いで、光・虫・温度である。

　湿度には、とにかく気をつけなければならない。湿度が60％を超えるとカビが生え、シミ（紙魚）が湧き、資料を決定的に傷めることになる。加えて、湿度が上昇したり低下したりすると、紙や布などは伸縮して傷み、布に書かれている墨は消えていく。保存場所での対処が難しいのであれば、家庭用の除湿器を設置し、満水にならないよう管理するしか手立てはない。

　光は、概ね100ルクスを超えると、資料に書かれている字・絵を消していく。作業などで光を当てる必要がある場合でも、できれば250ルクス以下に留めたい。ただし、普通は学校に照度計などあるわけがないので、近隣の博物館・美術館の展示室内の照度を体感し、それを参考にして、できるだけ暗くすることを心がけたい。光対策ができていない事例としては、学校内の直射日光が当たる場所（たいてい廊下）に展示ケースを置いてしまい、そのなかに陳列されている昔の教科書などが光によって激しく劣化し、キャプションの字はほとんど消えて読めなくなっている場合がある。

　虫はシミだけではなく、ゴキブリの対策が必要である。ゴキブリは厚紙を食べるので、例えば学籍簿の背表紙に虫に食べられた跡がある場合、それはたいていゴキブリの仕業である。児童・生徒が入らない閉校後の校舎で保存するならば、大掃除をした上で市販の燻蒸式殺虫剤（バルサン等）を焚き害虫駆除シート（ゴキブリホイホイ等）を設置するという対処で十分である。

　温度については、学校所在の資料は基本的にフィルム以外は温度には強いので、温度の上昇・低下による湿度変化という文脈でのみ気にしておけば十分である。つまり、温度はできるだけ一定になるよう心がけておきたい。

　保存する教室は、屋上からの熱が伝わりにくく地階からの湿度上昇にもあまり影響を受けない２階が最適である。１階・３階（最上階）・地下階での選択であれば、湿度対策として３階がベターである。ただし、最上階は屋上から熱が伝わり、夏場は昼夜間の温度差が大きくなるので、可能であれば夏場はエアコンを稼働させ、昼夜間の温度差を小さくしたい。１階か地下階での選択ならば、地下階がベターである。地下階は湿度を一定に保ちやすく、自

然光を気にしなくてもよいというメリットがある。ただし、校舎はとにかくよく水漏れが発生するので、水漏れには最大限の注意を払わなければならない。

　最も保存に適していないのが、1階である。1階は、資料の出し入れに便利なこと以外には何も良いことがない。特に湿度対策においては、1階の水回りの近い教室であれば、大雨の日の夕方に家庭用除湿器を数台稼働させても夜中に水が満タンになり朝には除湿器が止まっている、ということもある。このような場合には、除湿器の湿度を60％ではなく65や70％で設定するしかない。それでも対応できないのならば、除湿器の数を増やすしかない。なお、除湿器が満水になり稼働が止まると、湿度が急上昇して資料を傷めるので、除湿器は満水にならないように設置・管理しなければ、むしろ逆効果（余計に資料を傷める）にもなり得る。

　保存する方角は、結露が発生しやすい北側を避けて、南側に置くのがベターである。ただし、窓・壁に着けてはならず、遮光カーテンは必須である。遮光カーテンが無い場合は、大きな段ボールで窓をできるだけ覆うとよいだろう。このような光への対処をしておかなければ、たとえ資料が保存箱に入っていて直接光を浴びなくても、温度差による湿度変化が大きくなる。なお校舎は、たいてい北側が廊下、南側が教室になっているので、結露はそれほど問題にはならない。

　保存する箱は、湿度対策を考慮して、密閉容器ではなく少々通気性のあるダンボール箱がよい。密閉容器は密閉時に内部に水分があると、湿度を60％に保ったとしても内側がカビだらけになる。中性紙の箱・封筒を用いても、入れる資料が明治中期以降の紙（酸性紙、一見和紙のようであっても純然たる和紙ではない場合がほとんど）であれば、脱酸性化処理（脱酸処理）[11]をしなければあまり意味がない。ゆえに、中性紙の箱・封筒の購入は費用対効果を考えれば優先順をかなり下げてもよい。

　資料のクリーニングは、作業前に手を洗うことは当然として、資料を傷めるのでアルコールと手袋は例外を除いて使ってはならない。基本的に布・刷毛・歯ブラシなどでクリーニングはできるのだが、刷毛と歯ブラシはできるだけ毛先がやわらかいものを選ぶようにしたい。

クリーニング後に保存箱に入れたら、「自家燻蒸」をするとよいだろう。校舎で保存しているくらいなので、業者に依頼する燻蒸は到底予算が許さないはずである（数十万円かかる）。ここにいう「自家燻蒸」とは、防虫剤（ネオパラエース等）を茶葉用の小袋に入れて資料に直接触れないようにしたものをダンボール箱に入れ、密封して1ヵ月放置するだけである。なお、燻蒸後に発生する虫の死骸（あればだが）を処理することを忘れないようにしたい。

保存箱の置き方で注意すべき点は、うまく力を逃がさないと重さで下の箱が潰れるということである。棚があれば活用したいところだが、新しい棚を買う予算はおそらく無いであろう。しかし、元校舎であれば、多くの備品が置かれたままになっている。なかには立派な学校家具（学校用の机や椅子、書類棚など）も残されているであろうが、資料保存で利用するにあたっては運動会の道具などを置いていた棚が便利である（ただし、こういった棚はたいてい土や石灰で汚れているので、水洗いが必要である）。

4-2 学校アーカイブズ

アーカイブズ化というのは、大まかにいえば、誰でも目的に沿った資料にアクセスできるようにする、という意味である。ゆえに、アーカイブズ化のためには、まずは目録を作成しなければならない。目録を作成するにあたっては、最低限度の正確さを担保することは当然のこととして、その目録を「誰が使えるのか」「何年使えるのか」が重要である。

「誰が使えるのか」というのは、職業研究者などの「専門家」だけが使える目録を作るのか、学部生や在野研究者も使える目録を作るのか、地域住民や卒業生など広く一般市民に開かれた目録を作るのか、ということである。学校資料は地域（学区）で活用されてこそ本来の価値を発揮できるということを鑑みれば、学校アーカイブズ（学校資料のアーカイブズ）は3番目を目指し、実現しなければならない。

「何年使えるのか」というのは、単に使い勝手が良くキーワードで的確にヒットする、という性能云々に留まらない。目録は、よほど貴重な文化財が数十点・数百点だけ収録されている類のものでもない限り、常に更新され得る有機的なものにしなければならない[12]。というのも、誤りがあれば訂正

114 第2章 学校資料を守り、受け継ぐ

する必要があり、新しい資料が収蔵されたら登録する必要があるからである。学校アーカイブズは、アーカイブズ化を進めるのが教員やPTA、地域の方々、一般の公務員であることを前提にしなければならず（それができなければ学校資料の散逸・廃棄は加速するばかりである）、かつ学校資料は卒業生や学区住民からの寄贈で常に増え続けることも前提にしなければならないことを鑑みれば、これは当然のことであろう。端的にいえば、業者に丸投げしたり外郭団体に依頼したりするのではなく、資料のステークホルダー自らが市販ソフトを用いて地道に目録を作成した方が、長い目でみたら「使える」目録になるのである。

　以上のことを、仮に学校アーカイブズの思想(13)とでもいうならば、この思想に基づいた目録の作成が各地で進められることで、初めて本書のタイトルになっている「学校資料の未来」が展望できるようになる。そのためにも、学校アーカイブズの思想は、研究者やMLA職員などに共有されるに留まらず、広く学校関係者や学区住民、教育委員会職員などに共有されなければならない。共有されることで、これまで「学校のゴミ」としかみられてこなかった資料に新たな価値が見出され、「学校のゴミ」は「学校の文化資源」(14)となり、学校内での展示や地域のイベントでの展示、博物館での展示などを通して、地域の新たな文化を創造していく原動力となるのである(15)。

　しかし、既往の学校資料の目録は、教科書や文献資料については参考になるものが多々あるが、モノ資料や個人所蔵の多種多様な資料まで含めた目録はほとんど無い。いわんや現場の教員などが目録を作成するための分類方法も、これまで発案されてこなかった。ゆえに筆者は、いわゆる「専門家」でなくとも学校資料を分類できるように、学校資料の大分類をまずは定め、それぞれの大分類の中で必要最低限の小分類を定めた(16)。さらに、実際にこの分類による目録作成を目録作成経験のない職員数名に行ってもらい、その過程で出てきた修正点をまとめた(17)。今後、学校アーカイブズについて議論が進展することを期待したい。

5 学校資料の活用

　前項では保存について述べたが、保存は活用と地続きで考えなければならない。というのも、保存するからには、いつか(たとえ何十年後であれ)活用することが前提だからである。この「地続き」には2つの意味がある。まず、前節で述べたように、広く活用されるためにはアーカイブズ化を進めなければならないということ。もう一つが、本稿3節において「「歴史研究のための道具」を超えて学校資料の活用事例を集めて、活用という視点から学校資料を分類することが必要になる」と述べたところの分類、すなわち活用のための分類が必要であるということである。

　活用のための分類は、一般的に考えられている「目録作成のための分類」ではない。国に指定されているような文化財や公文書ならまだしも、学校資料はとにかく「活用」を進めなければ廃棄・散逸が止まらず、一刻の猶予もないのであるから、「活用のための分類」も保存を進めるための説得戦略を考えるために必要であり、この分類は学校資料の価値の発信と密接にリンクしている。

　この分類を考案するためには、教育史・近代史・地域史・考古学・民俗学などの自分の専攻を一度リセットし、できるだけ広く活用事例に学び、複眼的に資料を見ることと、「これまで何をしてきたのか」ではなく「これから何ができるのか」を発信するために活用事例から学ぶ、という姿勢が必要である。そうすることにより、学校資料を活用する者の興味関心や専攻分野を越え、「こんな活用があったのか」という発見に繋がり、「活用」の幅が広がっていくであろう。

　以上のような理念にもとづき、筆者は「活用のための分類」として、学校資料を、①学校史、②考古、③民俗、④建築史、⑤美術史、⑥地域史、⑦教育史、⑧教育学(教育史以外)に分類する[18]。当然ながらこれらすべての分類は、学校での授業や展示などに応用することができる[19]。

①学校史

　ここにいう学校史とは、学校を「教育の場」としてだけみるのではなく、

116　第2章　学校資料を守り、受け継ぐ

地域で果たした教育以外の役割や学校建築などを含めた「学校のありのままの姿」の歴史を意味するのであり、教育史とは異なる[20]。学校史を目に見えるかたちにしている例としては、京都市学校歴史博物館の常設展・企画展[21]がある。他に、南丹市立文化博物館で2015（平成27）年から地域ごとに三度開催された「学校のあゆみ」展[22]のような各地の特別展・企画展や、大学・高校附属のMLA等での小展示、大平聡による取組み[23]などがあり、学校史という概念自体は発想として新しいものだが、実践レベルでは既に多くの積み重ねがある。

②考古

ここにいう考古とは、学校所在の考古資料を扱うという意味ももちろんあるが、それに留まらず、考古学の方法で学校資料を観て考える、ということをも意味する。事例としては、前者については、まず考古学研究会が機関誌で「特集　学校と考古学」[24]を組んだことに注目すべきであり、他に市元塁（東京国立博物館）[25]、村野正景（京都府京都文化博物館）[26]、平田健（東京都教育委員会）[27]らによる一連の活動が挙げられる（所属は2018年10月現在、以下同）。後者については、今後、考古資料ではない資料が考古学（アルケオロジー）の手法で読み解かれていくとどのような資料価値が見出されるのか、期待される[28]。

③民俗

ここにいう民俗も、考古と同様に方法論としての意味も含む。学校所在の民俗資料については、羽毛田智幸（横浜市歴史博物館）[29]、藤森寛志（和歌山県立紀伊風土記の丘）[30]らによる一連の活動が挙げられる。

④建築史

学校建築については、明治期の学校建築を活用した例として、旧開智学校[31]、旧中込学校（佐久市）、旧見付学校（磐田市）、岩科学校（賀茂郡松崎町）、開明学校（西予市）などの他に、元師範学校校舎を活用した山形県立博物館教育資料館（山形市）や、昭和戦前期の鉄筋校舎を活用した京都芸術センター、京都市学校歴史博物館、京都国際マンガミュージアム（以上、京都市）などがある[32]。近世の「学校遺産」として、咸宜園（日田市）[33]や旧閑谷学校（備前市）なども近年整備が進み、注目されている。

学校建築の文化財的価値もさることながら、すべての校舎に宿る学校資料としての特質は、多くの卒業生や学区住民にとっての思い出となり得るということに尽きる。少なくとも筆者の知る範囲では、京都市民の校舎への思い入れは非常に強い。京都市学校歴史博物館での展示や講演会などで校舎の写真を活用することは、もはや定番となっている。校舎に注目したまち歩きミニツアーも需要があり、筆者は2012(平成24)年から2018(平成30)年まで計13回ガイドを務めた[34]。

⑤美術史

京都市の学校には実に多くの美術工芸品が所在しており、閉校後に管理が必要な作品は、京都市学校歴史博物館などで管理されている[35]。京都市以外の学校にはどのような美術工芸品が、どのような経緯で所在しているのかは不明であり、全国的な悉皆調査が俟たれる。

⑥地域史

地域史については、筆者はすでに別のところでそれなりの紙幅を費やして書いており[36]、また本書第3章でも詳しく論じられているので、割愛したい。

⑦教育史

教育史の研究・展示などにおいて学校資料が活用されることは自明であろう。各地の自治体立の歴史系博物館には、たいてい教育史のコーナーがあり、そこでは学校資料が展示されている。

⑧教育学(教育史以外)

教育史以外を専攻する教育学研究者も、学校資料を頻繁に活用している。その筆頭が教育社会学であり(戦前の学籍簿の分析など)、他に教科教育学や教育行政学を専攻する研究者も活用している。

おわりに

ここまで論じてきたことから導かれる結論を、最後に端的に述べておきたい。

日本の学校、特に小学校は、明治期以来140年以上にわたり、この国と地

域社会をかたちづくってきた。戦後には教育機会が拡大され、高度経済成長期にはほとんどの国民が中等教育を受けるようになった。ゆえに、日本の歴史や地域の歴史をふりかえるとき、学校や地域社会のあゆみを今に伝える学校資料が必要不可欠であることは、論を俟たない。

このようなかけがえのない学校資料は、近年加速化する学校統廃合などによって、日々失われている。ゆえに学校資料の収集と保存は急務なのだが、一方で、学校資料をすべて保存することは不可能である。そこで立ち上がるのが、「どの学校資料がどのように活用できるのか」という問いである。しかしこの問いは、学校資料の安易な選別基準を生み出し、かえって学校資料の廃棄を加速化させることにもつながりかねない。

この問題を乗り越えるためには、学校資料の過去の活用事例に学びながらも、決してそこに留まらず、学校資料に新たな価値を見出そうとし続けることが必要である。すなわち、我々が議論し、発信すべきなのは、〈資料の選別基準〉ではなく、〈資料に価値を見出そうとする眼差し〉である。この眼差しを、一人でも多くの学芸員・アーキビスト・研究者、学校の教職員や行政職員、PTA関係者、卒業生、学区住民などが獲得することで、これまで「活用できない」「役に立たない」と廃棄されてきたような学校資料でも、「いつか活用できるかも」「いつか役に立つかも」とみられるようになり、その保存と活用が進むのである。

註

（1）特別支援学校（養護学校）の資料については、紙幅の都合上、ここで中途半端に語ることは避けたい。さしあたり、学校・施設アーカイブズ研究会『学校・施設アーカイブズ入門』（大空社、2015年9月）、和崎光太郎『図録　京都における特別支援教育のあゆみ』（京都市学校歴史博物館、2016年1月、http://kyo-gakurehaku.jp/exhibition/h27/1212/img/271212_zuroku.pdf）を参照されたい。

（2）この点に関しては、和崎光太郎「歴史学の方法論─学校の「威力」を論じることを通して─」（歴史書懇話会『歴史書通信』237、2018年5月）、および和崎光太郎「学校史とは何か─地域のコミュニティセンターとしての学校の姿─」（南山アーカイブズ『アルケイア』13、2018年11月）で概略的に述べ

ている。

（3）筆者は2011（平成23）年4月から2019（平成31）年3月まで、京都市学校歴史博物館に学芸員（教育史）として勤務していた。

（4）指摘というのは、本来は指摘されるべき人に届いて初めて指摘になるのだが、ここでは便宜上、届いていないであろう「指摘」も含む。

（5）和崎光太郎・小山元孝・冨岡勝「学校史資料論の構築に向けて─活用と分類・学校統廃合・アーカイヴズ─」（近畿大学教職教育部『近畿大学教育論叢』28-2、2017年3月）107-108頁。

（6）例えば京都市では、市立だけでも小学校が159校（休校・分校含まず）、中学校が67校（同前）、小中学校が6校（同前）ある（2018年5月時点）。加えて、閉校校が数十校あり、これら閉校校の資料も膨大にある（学校統廃合と学校資料については、本書第2章の小山論文を参照されたい）。京都市で学校資料を扱うということは、実質的に市立だけでも300校余りの学校資料をどうするかという問題を考えなければならないのである。

（7）和崎光太郎「学校所蔵史料の保存と活用─京都市を事例として─」（日本歴史学協会『日本歴史学協会年報』31、2016年3月）29頁。

（8）「研究者は学校教員・行政職員を指導する立場である」という態度や言説を全面的に出しながら、という意味。必要なのは指導ではなく、対話である。

（9）学校資料の収集については、和崎光太郎「学校史資料の収集・保存・活用─京都市学校歴史博物館での実践─」（全国大学史資料協議会西日本部会『全国大学史資料協議会西日本部会会報』35、2019年6月発行予定）を参照されたい。

（10）トップページ→事業紹介→資料の保存。http://www.ndl.go.jp/jp/preservation/index.html

（11）学校資料の脱酸処理については、阪本美江「奈良女子大学附属小学校所蔵の学校資料の状態について─明治期における資料の劣化状況に着目して─」（関西教育学会『関西教育学会年報』42、2018年8月）を参照されたい。

（12）目録を作成することにより、ある程度は資料の散逸・廃棄を防ぐことができる。この狙いからすれば、目録とは無機的であり操作されてはならない（＝消去されてはならない）ものだというイメージがあるだろう。しかし、「目録作成→散逸・廃棄の防止」という構図が、現実を前にしてはいかに脆く無力であるかは、これまで各地の学校や資料館等で散々痛感してきた。ゆえに発想を転換し、目録とはその時その時の状況を克明に記録するものであり、散逸・廃棄がいかにして進むのかまでをも記録するものであると位置付

120　第2章　学校資料を守り、受け継ぐ

けた方が、少なくとも学校資料の保存と活用を進めるにあたっては有意義で
あろう。この発想にもとづけば、過去の目録も絶対に廃棄してはならないこ
とは、自明である。

(13) 学校アーカイブズの思想はまだ形成途上であり、まとまりを持った「思
想」には程遠いのだが、この思想形成のためには山本幸俊・大平聡・嶋田典
人の以下の論考から学ぶところが多い。山本幸俊「学校統廃合と学校アーカ
イブズの保存―新潟県の事例を中心に―」（全国歴史資料保存利用機関連絡
協議会『記録と史料』22、2012年3月）、大平聡「地域史資料としての学校
資料」（新潟大学災害・復興科学研究所危機管理・災害復興分野『災害・復
興と資料』3、2014年3月）、大平聡「「震災」を経験して」（歴史学研究会
『歴史学研究』942、2016年3月）、嶋田典人「学校アーカイブズの地域保存
と住民利用」（日本アーカイブズ学会『アーカイブズ学研究』21、2014年12
月）。大平については本書第3章、嶋田については本書第1章所収の各論文
も参照されたい。

(14) 「学校の文化資源」とは、学校に関するあらゆる有形無形のもののうち、
文化資源、つまり次世代の文化を創造し得るような価値を見出されたものを
意味する。「学校の文化資源」という視点からの既往の研究の総括と展望に
ついては、和崎光太郎「「学校の文化資源」研究序説―学校史料論の総括と
展望―」（洛北史学会『洛北史学』20、2018年6月）を参照されたい。

(15) そのためには、博物館と地域住民が連携し、展示やイベントなどで力を合
わせることが必要不可欠である。京都市学校歴史博物館がある京都市は、こ
の一つのモデルであろう。他に、旧開智学校（松本市）と旧中込学校（佐久市）
がある長野県や、旧見付学校（磐田市）と岩科学校（賀茂郡松崎町）がある静岡
県は、大きな可能性を秘めているのではなかろうか。

(16) 和崎光太郎「学校歴史資料の目録と分類」（京都市学校歴史博物館『京都
市学校歴史博物館研究紀要』6、2017年5月、http://kyo-gakurehaku.jp/ab-
out/dayori/bulletin/bulletin_vol.6.pdf）。

(17) 和崎光太郎「学校歴史資料の目録と分類　補遺」（京都市学校歴史博物館
『京都市学校歴史博物館研究紀要』7、2018年12月、http://kyo-gakurehaku.
jp/about/dayori/bulletin/bulletin_vol.7.pdf）。

(18) 分類を細かくするのは簡単なのだが、今の時点ではこれ以上細かくするこ
とにそれほど意味を見出せない。むしろ、分類をわかりやすい形にして発信
力を持たせた上で、学校資料を「活用」できる分野を広げ、「活用」する上
で分野と分野を架橋することを優先しなければならない。なお、分類するに

あたり尺度の種類は統一しなければならないので(例えば、ある果物を分類するときに「青い」と「大きい」と「重い」のどれに分類するか、となっては分類できないので、分類するためには「色」「大きさ」「重さ」など尺度をどれか一つに統一しなければならない)、ここでは学問領域的・方法論的概念という尺度で分類する。

(19) 村野正景・和崎光太郎編『みんなで活かせる！ 学校資料―学校資料活用ハンドブック―』(京都市学校歴史博物館、2019年3月)を参照されたい。

(20) 学校史については、和崎光太郎「学校史とは何か―地域のコミュニティセンターとしての学校の姿―」(南山アーカイブズ『アルケイア』13、2018年11月)を参照されたい。

(21) 過去の企画展は観覧することができないが、企画展については、さしあたり和崎光太郎「学校歴史資料の置かれた現状と活用―京都市学校歴史博物館での企画展示を事例に―」(関西教育学会『関西教育学会年報』41、2017年8月)を参照されたい。

(22) 特別展「学校のあゆみ 園部地区編」(2015年)、特別展「学校のあゆみ 八木地区編」(2016年)、特別展「学校のあゆみ 美山地区編」(2017年)。すべて図録が刊行されている。

(23) 大平聡は、2000年代初頭から学校資料を大学の授業で活用し、一般向けの展示や学園祭での展示を行い、そのプロセスと成果を公表し続けている。詳しくは、「宮城県白石女子高等学校所蔵公文書綴の検討―女子挺身隊関係文書を中心に―」(宮城学院女子大学キリスト教文化研究所『キリスト教文化研究所研究紀要』39、2006年3月)、同前掲「地域史資料としての学校資料」、大平聡「「震災」を経験して」(歴史学研究会『歴史学研究』942、2016年3月)を参照。

(24) 「特集 学校と考古学」(考古学研究会『考古学研究』64-4、2018年3月)。

(25) 市元塁「高等学校と考古学」(九州国立博物館『全国高等学校 考古名品展』(2014年)などを参照。

(26) 村野正景「学校考古を支援する博物館のとりくみ―京都府内の学校所蔵考古資料に関する調査の概報―」(京都文化博物館『朱雀』27、2015年3月)などを参照。

(27) 村野正景・平田健「京都府立鴨沂高等学校所蔵の考古・人類学模型標本について―人類模型標本に関する学史的考察―」(京都文化博物館『朱雀』28、2016年3月)などを参照。

(28) 学校資料を扱っているわけではないが、関連する先駆的な研究として、森

122　第2章　学校資料を守り、受け継ぐ

　　重雄『モダンのアンスタンス―教育のアルケオロジー―』（ハーベスト社、
　　1993年）を参照されたい。
（29）本書第2章所収の羽毛田論文を参照。
（30）藤森寛志「学校所在資料の展示の意義と課題―和歌山県立紀伊風土記の丘
　　における展示を通して―」（和歌山県立紀伊風土記の丘『紀伊風土記の丘研
　　究紀要』6、2018年3月）などを参照。
（31）松本市教育委員会『重要文化財旧開智学校校舎　調査研究報告書』（重要文
　　化財旧開智学校校舎、2018年3月）を参照。
（32）詳しくは各館発行の図録を参照。京都市の学校建築については、川島智生
　　『近代京都における小学校建築―1869〜1941―』（ミネルヴァ書房、2015年2
　　月）を参照。
（33）日田市教育委員会『図説　咸宜園―近世最大の私塾―』（日田市教育委員会、
　　2017年2月）を参照。
（34）京都のまち歩きミニツアー「まいまい京都」（https://www.maimai-kyoto.
　　jp/guides/wasaki/）。
（35）京都の学校に残る（残っていた）美術工芸品については、和崎光太郎・森光
　　彦著、京都市学校歴史博物館編『学びやタイムスリップ―近代京都の学校
　　史・美術史―』（京都新聞出版センター、2016年10月）の森執筆部分（87-156、
　　161-163頁）を参照されたい。
（36）和崎前掲「「学校の文化資源」研究序説―学校史料論の総括と展望―」。

学校統廃合における資料保存

小　山　元　孝

はじめに

　本稿は京都府京丹後市における小・中学校統廃合時における学校資料の収集過程や活用の事例を紹介するとともに、そこで浮かび上がった課題や問題点について述べるものである。

　筆者は2005(平成17)年4月より2016(平成28)年3月まで京丹後市教育委員会文化財保護課に勤務し、主に京丹後市史編纂事業を担当していた。もともとは日本古代仏教史が専門であり、京都府内では珍しい考古学を専門としない文化財担当者であった。職務の中では、市史編纂事業ということもあり、古文書・美術・建築・民俗など、幅広い史料の調査に携わることができた。その関係から学校資料にも携わることになり、その経験の一部を紹介するものである。既発表の和崎光太郎・小山元孝・冨岡勝「学校史資料論の構築に向けて―活用と分類・学校統廃合・アーカイヴズ―」(『近畿大学教育論叢』28-2、2017年)の中で筆者が述べていることと重複する部分もあるが、その後の経過を含め改稿した。

1　小・中学校の統廃合

　京都府北部に位置する京丹後市は、2004(平成16)年4月1日に峰山町・大宮町・網野町・丹後町・弥栄町・久美浜町が合併して発足した。合併当初は約65,000人の人口を擁していたが、2018(平成30)年12月末には約55,000人と減少している[1]。2004年4月段階では小学校31校、中学校9校存在していたが、2018年4月には小学校18校、中学校6校となっている(学校数の変遷は表1参照[2])。

124　第2章　学校資料を守り、受け継ぐ

表1　京丹後市内 小・中学校数の変遷

	小学校	中学校
2004(平成16)年	31	9
2010(平成22)年	30	9
2011(平成23)年	30	9
2012(平成24)年	29	9
2013(平成25)年	26	8
2014(平成26)年	20	7
2015(平成27)年	20	6
2016(平成28)年	19	6
2017(平成29)年	19	6
2018(平成30)年	18	6

　合併以降の小・中学校の統廃合について、2007(平成19)年7月に検討組織として「京丹後市学校再配置検討委員会」が設置され、さらにその下部組織として「京丹後市学校再配置検討分科会」が旧町単位で設置された。京丹後市教育委員会はこの検討委員会に対し「学校の適正規模や適正配置等について、立地上の環境等諸条件や耐震基準等から見た施設整備等の諸問題、さらには児童生徒数の今後の動向や、小中学校の教育活動をめぐる諸課題を踏まえ、全市的な視野に立ち、様々な教育的観点から、今後の本市小中学校の再配置について検討」するよう諮問した(3)。

　この諮問を受け、概ね今後10年間における京丹後市域での小・中学校の再配置計画について2008(平成20)年11月に答申が行われている。その後、パブリックコメントや校区単位での説明会等を経て、2010(平成22)年に「京丹後市学校再配置基本計画」が策定された。京丹後市教育委員会のウェブサイト上に、「京丹後市学校再配置基本計画」とその策定に至る経緯が掲載されているので、併せて参照されたい(4)。なお本計画は2016(平成28)9月に見直しが行われており、小学校2校の再配置計画が追加されている(5)。

　さて、2010(平成22)年3月に閉校した竹野小学校以外は、この計画により統廃合は進められることとなり、その経過は表2・3の通りである(6)。

　統廃合により閉校したこれら小・中学校の施設については、再配置基本計画の中では、「地域の活性化に資するような有効活用を図る」とあり、また「災害時の地域の避難場所として指定されている施設については、特に適切な代替施設がない場合等にはその機能が失われないよう配慮することとし、福祉等の目的のための施設として活用することが適切である場合にはその可能性についての検討を含め、学校・地域ごとに跡施設及び跡地の利用計画を

表2 京丹後市内 小学校の変遷

		校名	経過	現在
峰山町	1	峰山小学校	→	峰山小学校
	2	吉原小学校	2016(平成28)年3月末閉校	いさなご小学校
	3	五箇小学校	2016(平成28)年3月末閉校	
	4	新山小学校	2018(平成30)年3月末閉校	しんざん小学校
	5	丹波小学校	2018(平成30)年3月末閉校	
	6	長岡小学校	→	長岡小学校
大宮町	7	大宮第一小学校	→	大宮第一小学校
	8	大宮第二小学校	2013(平成25)年3月末閉校	大宮南小学校
	9	大宮第三小学校	2013(平成25)年3月末閉校	
網野町	10	網野北小学校	→	網野北小学校
	11	網野南小学校	→	網野南小学校
	12	郷小学校	2014(平成26)年3月末閉校	
	13	島津小学校	→	島津小学校
	14	三津小学校	2012(平成24)年3月末閉校	
	15	橘小学校	→	橘小学校
丹後町	16	豊栄小学校	→	豊栄小学校
	17	間人小学校	→	間人小学校
	18	竹野小学校	2010(平成22)年3月末閉校	
	19	宇川小学校	→	宇川小学校
弥栄町	20	吉野小学校	→	吉野小学校
	21	溝谷小学校	2014(平成26)年3月末閉校	弥栄小学校
	22	鳥取小学校	2014(平成26)年3月末閉校	
	23	黒部小学校	2014(平成26)年3月末閉校	
	24	野間小学校	2014(平成26)年3月末閉校	
久美浜町	25	久美浜小学校	→	久美浜小学校
	26	川上小学校	2014(平成26)年3月末閉校	高龍小学校
	27	海部小学校	2014(平成26)年3月末閉校	
	28	佐濃小学校	2014(平成26)年3月末閉校	
	29	田村小学校	2013(平成25)年3月末閉校	かぶと山小学校
	30	神野小学校	2013(平成25)年3月末閉校	
	31	湊小学校	2013(平成25)年3月末閉校	

126 第2章 学校資料を守り、受け継ぐ

表3 京丹後市内 中学校の変遷

		校名	経過	現在
峰 山 町	1	峰山中学校	→	峰山中学校
大 宮 町	2	大宮中学校	→	大宮中学校
網 野 町	3	網野中学校	→	網野中学校
	4	橘中学校	2015(平成27)年3月末閉校	
丹 後 町	5	間人中学校	2014(平成26)年3月末閉校	丹後中学校
	6	宇川中学校	2014(平成26)年3月末閉校	
弥 栄 町	7	弥栄中学校	→	弥栄中学校
久美浜町	8	久美浜中学校	→	久美浜中学校
	9	高龍中学校	2013(平成25)年3月末閉校	

策定する」[7]とされている。特に体育館は社会体育施設として利用されているとともに、災害時の避難所としての機能も併せ持ったまま存在している。

　2010(平成22)年3月に閉校した竹野小学校は、閉校から年数が経過したことや海沿いに位置していることもあり、校舎の外壁に亀裂が生じ、中の鉄筋が見える状態になっている。これに対し、2013(平成25)年3月に閉校した大宮第3小学校は利用の進んだ一例で、主にグラウンドを木材チップの製造会社が利用している。また2014(平成26)年3月に閉校した郷小学校は、校舎の一部を大学との連携事業で使用する施設や資料館として利用しているなど、その後の経過はまちまちである。

2 さまざまな学校資料

　さて、学校で所蔵されているさまざまな資料の収集については、一市民の声がきっかけとなった。その方は、以前にある小学校の記念誌編纂に携わっており、その際に多くの写真や文献等の資料を収集していた。編纂終了後、集められた資料は箱に収納し校長室に保管していたという。しかし、最近になって確認したところその箱の所在が不明になっており、廃棄したものか移動したものかさえわからない状態であったという。非常に憤慨したその方か

らは、「文化財保護課もこうした貴重な資料があることを知ってほしい。もっと、関心を持ってほしい」との厳しい言葉を受けた[8]。

　古い写真は地域の歴史を物語るものであり、学校には、学校の歴史のみならず校区の歴史にも関わる資料が所蔵されている可能性が高いと思われ、何らかの調査を行うべきと考えてはみたものの、その手法がわからないまま、当時の学校教育課長に相談をした。そうしたところ、小・中学校の先生方に「学校に残されている貴重な資料はありませんか」、「何か地域の歴史を知る文化財が残っていませんか」と問い合わせても、具体的にどういったものが「貴重」なのか、また何が「文化財」なのか、直感的にわかる方は少ないので、具体的な事例を挙げてもらう方がよいとの助言を得ることができた。そこで、下記のような資料が校内で所蔵されていないか、学校教育課から全小・中学校の校長あてにメールで照会をすることになった。

　　1 古い公文書(日誌など。まれに旧村役場の公文書が残っていることもある)
　　2 教科書・教材(独自で作成した副教材などは貴重)
　　3 標本(草花、動物など)
　　4 出土品(校区内で発見された土器、埴輪など)
　　5 写真・アルバム
　　6 掛軸・扁額・書籍(地元で発行された古い書籍の中には現在入手困難なものもある)

　そうしたところ、ある小学校の校長より、気になる資料があるので見てほしいとの電話連絡があった。早速、現地に赴いたところ、戦前から書き継がれてきた日誌が多数保管されており、他にも卒業式の送辞や答辞等が多数木箱に収められていた。これらの資料は後継の小学校に引き継がれる文書や備品には含まれていないもので、閉校が近づいていたこともあったため、すぐに文化財保護課で引き取ることになった。メールでの照会後すぐに反応が出たことから、他の学校からの連絡も期待していたところであったが、実際に学校から連絡があったのはこの1校のみであった。

　そこで、閉校が近づいている他の学校にも直接連絡をすることとした。連絡をする際には、すでに他校で古い写真や日誌など貴重な資料が発見された

事例を伝え、同様のものがないかどうか問い合わせをしたところ、ほとんどの学校で残されていることが判明した。また、貴重かどうかは不明であるが取り扱いに困っているものが多いとの回答もあり、併せて調査に伺うことにした。

実際に学校で調査を行ったところ、残されている資料の多種多様さには驚かされることになった。数多く所蔵されていたのは学校で作成された文書であり、もちろん規定にもとづいて保管されていたものが多数ではあるが、なかには保存年限が過ぎているものの廃棄されずにそのまま残されたものも存在していた。こうしたものの処置については学校側では廃棄または保存の判断をしづらいものであり、先に述べた取り扱いに「困っている」ものの一つであった。

基本的には後継の学校に引き継がれない文書は文化財保護課で引き取ることとしたため、約1,500冊もの大量の文書を受け入れることになった。既に市史編纂事業で戦前期の公文書を収集しており、その保管場所として公民館の一室を収蔵庫として使用していたことから、そこに収めることができた。とはいうものの、約1,500冊の簿冊が収蔵庫に入ったため瞬く間に飽和状態となった。

受け入れた文書については、市史編纂事業で関わりのあった京都府立大学の小林啓治教授（近代史）の協力を得て、小林教授とゼミ生により目録の作成を行うことができた（写真1）。作成した目録は後継の学校に送付し、文書についての問い合わせがあった際には文化財保護課に連絡してほしいと依頼をした。その後、これらの文書の活用については、小学校の日誌の一部を京丹後市立丹後古代の里資料館での展示で使用することができた。こ

写真1　京都府立大学小林啓治教授とゼミ生による目録作成作業

の日誌には空襲警報の様子が詳細に記されており、2015（平成27）年に開催した「丹後の村から見た戦争—村人と兵隊—」で展示をし、その際には小林教授の協力も得て、目録を作成したゼミ生による展示解説も行うことができた。

　この他に、学校で作成された副教材を確認することができた。校区の歴史や民俗・方言、出身者の伝記を収めた小冊子があり、なかには作成時の調査資料も残されている小学校があった。さらに校長室の書棚には寄贈された書籍が収められていることが多く、地元出身の作家が寄贈した絵本が含まれていたり、市販されていない記念誌等が残されていたりするなど、現在では入手が困難なものが多くあった。

　また、意外と思われるかもしれないが、考古資料が所蔵されていることが多い。教育委員会に文化財担当職員が配属される以前には、該当地域の教員が発掘調査を行うことがあった。そういった経過から、学校に土器や石器など考古資料が残されていることが多い。なかにはガラスケースに展示されていることもあり、筆者が聞き取りをしたところ、近年は教材として活用されている例はほとんどなかった。さらに、動植物の標本がある。海岸沿いの小学校では、採集した海藻が標本として整理されている事例があった他、ウミガメの剥製を所蔵している小学校もあった。もちろん、国際的に規制される以前に捕獲されたもので、大正時代に海岸に漂着していたカメを剥製にしたものであった。

　写真も、多く所蔵されていた資料のうちの一つである。台紙に貼付されたものやアルバムにまとめられているもの、箱や袋に入れられたままのものなど、状態はさまざまであった。そのうち台紙に貼付されているものやアルバムにまとめられているものは、撮影年月日や行事名などが記され、資料的価値の高いものが多い。また、恐らく教材で使用されたと思われるスライドもあるが、退色やカビによる劣化が進んだものもあり、今後の保存には注意を要するものが多かった。保存に関していうと、カセットテープや8ミリフィルムのように、すでに劣化がかなり進捗しているものも散見された。これらのものは学校以外でも多く所蔵されているものであるので、実態の把握と対策は緊急を要する課題といえる。

　これまで紹介した資料は、後世に残す意思を持って意図的に保管されてき

写真2　京丹後市立郷土資料館

たものがある一方、ただ廃棄されなかったから残ったものがあることも事実である。そうしたなか、名称はまちまちであるが、主に郷土資料室と呼ばれる一室があった小学校も存在していた。校区に残る農機具等を主に収集し教材として活用していた時期があり、「○○小の正倉院」といった名称で開設されていた事例もあった。

　京丹後市網野町の京丹後市立郷土資料館は、合併前の1967(昭和42)年に木津小学校内に地元の公民館が民俗資料室を設置したのが始まりで、1977(昭和52)年の木津小学校閉校後に校舎を利用して網野町郷土資料館として再スタートしたものである(9)。なお、京丹後市発足後も京丹後市立網野郷土資料館として活用されてきたが、施設の老朽化により移転を余儀なくされ、旧郷小学校の建物の一部を資料館として活用することになり、2018(平成30) 4月から京丹後市立郷土資料館として再々スタートすることになった(写真2)。他校の資料室はほとんど使用されなくなっているが、学校内に開設された資料室の流れを汲み、現役で活用されている稀な事例といえる。

3　資料の収集と活用

　これまで、京丹後市内における小・中学校の閉校時における資料収集や活用事例ついて紹介してきた。収集にあたっては文化財保護課より学校教育課に依頼をして全学校に照会をすることから始まったが、その反応は少なかった。しかし、積極的に問いかけてみたところ、学校や地域の歴史・文化を伝える貴重な資料が多く所蔵されていることを確認することができ、その処置について学校側が判断に困っていることも明らかとなった。約4年の間に筆

者が収集に携わった主な資料は公文書であり、約1,500冊もの簿冊を収集することができたが、その整理作業には、京都府立大学小林啓治教授とゼミ生の力に負うところが大きい。

収集した簿冊すべての目録を作成することはできたが、一部を京丹後市立丹後古代の里資料館での展示で利用した他は、公開やその他の利用までいたっていない。個人情報が含まれている資料の取り扱い、また学校からの移管に係るルール作りなど、結局手がつけられなかったことも多い。市職員である関係から、市立の小・中学校へのアプローチはできたものの、京都府立の学校、特に高等学校の資料については何ら調査をすることができなかった。実は京都府北部では高等学校の再編が進んでいることもあり(10)、これらの学校へのアプローチをどうすべきか次なる課題が早くも登場している。

写真3　閉校した小学校に建立された記念碑
（溝谷小学校：京丹後市弥栄町）

写真4　閉校の際に刊行された記念誌

今回、文書をはじめとする多くの資料を収集することができたが、もちろんすべてを収集したわけではなく、記念碑や石造物など物理的に移動が困難なものも多く、閉校になった学校の敷地内にそのまま残されたものもある。なかには風化が進み文字が判読できないものもあり、撮影や翻刻作業の必要性が高まってきている。それから、閉校に伴い跡地に埋設されたタイムカプセルや記念碑など、新たな学校資料といえるものも存在している（写真3）。

132 第2章 学校資料を守り、受け継ぐ

　今後は当然、動画を収録したDVDや写真データなども学校資料の中に含まれていくであろうし、これからどういったものが学校資料となりうるのか、先入観なしに考え続けていく必要性を感じている。

　また、閉校に伴いほとんどの学校で記念誌が作成されている（写真4）。作成部数は限られており、地元住民へ配布されることはあるが、実は地元の図書館でも全て取り揃えているというわけではない。閉校の際の記念誌のほかにも、100周年など記念事業の際に書籍という形で作成されることは今でも多くあるのではないだろうか。もしかしたら、記念行事を撮影した動画をDVDに保存していることもあるかもしれない。こうした資料は作成時に逃してしまうと、収集は不可能となりかねない。図書館・博物館など、どこで収集するのがよいか検討が必要だが、これからの学校資料を考える上でも見逃してはならない。

　また、現地に残された資料の行く末は、跡地利用にも関わってくる。筆者は、京丹後市内で無居住化した集落のその後について調査を行った経験があり[11]、その調査を通じ、無居住化して50年以上経過し森林に戻ってしまった場所もあれば、少人数での草刈りや、道路の補修などを続けていることにより、集落跡が今でもよくわかる場所があることに気付いた。学校の跡地についても、多額の予算を費やして維持管理を行うことは難しいと思うが、今後の利用形態を考えながら、長い目線でどのように管理するのがよいのか検討していくべきと考えている。というのも人口減少の進む地方において、多くの資料を残していくことは非常に難しくなってきている。残したいものは何か、また残すべきものは何か、地域住民によって常に考え続けなければならない課題といえる。近年、「自身の終末期（医療、介護）、死後（葬儀、墓、相続等）について、エンディングノートや遺言等で準備」する「終活」[12]という言葉が使われるようになった。個人単位のこととして使用されているが、今後は地域単位でも「終活」は必要といえる。

　学校を単位として考えるならば、ここでいう地域は校区となり、考え方によって範囲はまちまちとなるであろう。それぞれで所持している土地や財産をどうするのか。また寺院や神社での祭りや行事のようなものもどうすべきなのか。今後は、意思を持って処分することができずに放置される事例が増

加するのでは、という懸念も生じている。放置されることにより、物理的に「モノ」が無くなるだけでなく、その経緯が不明確になることで、地域の歴史が消滅する危険性を孕んでいる。厳しい選択を迫られることが増加するかもしれないが、学校資料のみならず幅広く議論をしていくことが必要といえる。

おわりに

以上のように市史編纂事業の中から、学校資料の収集に携わった経過を振り返ってみた。少ないながらも成果はあったのではないかと思うが、やはり課題も浮き彫りになっている。

その一つは、学校公文書の現用から非現用への移管のシステムを構築できなかったこと。筆者は地元出身であることから、教職員の中には顔なじみの方も多い。地元出身者で顔なじみという地の利を生かして調査や収集を行ってきた。その手法の功罪については第三者に委ねざるを得ないが、手続きや仕組み作りが構築されていない場合や、地域で文化財を扱う際の手法の一つとして考えている。しかし、継続的な仕組みを構築するには、文化財担当者の中に学校資料にも関心のある人材を育成することが必要であり、筆者自身のような個人の資質に頼らないやり方も同時に考える必要がある。

もう一つは、学校資料というモノの価値を高め、利活用を促進することである。この点に関していえば、筆者の力不足であったことは否めない。資料館での展示の際に数点利用したものの、目録化された資料の本格的な調査研究まで行き届かなかった。学校資料をより広く知ってもらうためには、学校資料はいったい何を物語るのか追求すべき点はあり、まだまだやるべきことは多いことを痛感している。

註

（１）京丹後市ウェブサイト「京丹後市の人口・世帯数」。最終閲覧2019（平成31）年 2 月 16 日。https://www.city.kyotango.lg.jp/top/shisei/gaiyo/5/4719.html

134　第2章　学校資料を守り、受け継ぐ

（2）京丹後市ウェブサイトを参照して作成。https://www.city.kyotango.lg.jp/
　　　top/soshiki/kyoikuiinkai/gakkokyoiku/1/3/3338.html　https://www.city.
　　　kyotango.lg.jp/top/soshiki/kyoikuiinkai/gakkokyoiku/1/3/3323.html
（3）京丹後市ウェブサイト「学校再配置について」。最終閲覧2019（平成31）年2
　　　月16日。https://www.city.kyotango.lg.jp/top/soshiki/kyoikuiinkai/gakkokyoiku/
　　　1/3/1288.html
（4）前掲註（3）。
（5）京丹後市ウェブサイト「京丹後市学校再配置基本計画」。最終閲覧2019（平
　　　成31）年2月16日。https://www.city.kyotango.lg.jp/material/files/group/40/
　　　saihaitikihonkeikaku.pdf
（6）前掲（2）京丹後市ウェブサイトを参照して作成した。
（7）前掲（5）。
（8）この経緯のはっきりとした時期は失念してしまったが、2013（平成25）年前
　　　後だったと思われる。
（9）網野町役場『ふるさと自慢百選　網野』（網野町、1996年）36頁。
（10）京都府教育庁指導部高校教育課ウェブサイト「丹後地域における府立高校
　　　の在り方検討」。最終閲覧2019（平成31）年2月16日。http://www.kyoto-be.
　　　ne.jp/koukyou/cms/index.php?page_id=603
（11）小山元孝編著、林直樹・関口達也・齋藤晋著『消えない村』（林直樹、
　　　2015年）。
（12）『現代用語の基礎知識2018』（自由国民社、2018年）835頁。

第 3 章

学校資料で地域の歴史を語る

明治初年小学校創立期の学校史叙述と史料
——東京府管下「開学願書」の再検討——

工　藤　航　平

はじめに

　節目ごとに編纂される学校の記念誌(以下、「学校記念誌」)では、行政、学校、卒業生や地域住民が所蔵しているさまざまな史資料や口承をもとに、学校の辿った歴史が叙述されている。さらに、史料の翻刻や写真、図表、校舎や行事等の写真などを掲載し、視覚的にも理解を深められる工夫をしたものも多い。

　近年では、自治体による自治体史や教育史の編纂事業が行われたことで、多くの史資料の調査・整理と地域史の解明が進められ、学校記念誌の編纂にも活用されている。同様に、100周年など節目の年には、教員・PTA・卒業生らが協力して、歴史資料保存利用機関や地域住民らが所蔵する史資料の調査を行い、新たな史資料の発掘へと繋がることも少なくない。このように学校記念誌編纂の成果は、地域史研究の進展へも寄与している。

　行政・地域・学校に残された多岐にわたる史資料が発掘される一方、無批判に使用することは避けなければならない。特に、本稿で検討するような、明治初年の近代学校制度導入期には、学校教育をめぐる理念と理解、実際の方針などは、政府・地域行政・塾主・地域住民によってそれぞれである。学校教育は近代化政策の一つの柱でもあり、学校はそれぞれの思いが交錯する場でもあった。そのため、残された史資料の作成者や提出先、その特性を踏まえて利用する必要がある。

　このような明治初年の学校創立期の歴史について、どのような点に史資料の利用上の注意が必要なのか、本稿では史料学的検証を通じて考えてみたい。

138　第3章　学校資料で地域の歴史を語る

1　学校創立を伝える史料

　特に学制頒布当時より存在する学校の記念誌において、学校の創立や授業内容など、また創立に繋がる“学校前史”を語る際、どのような史料が利用されているのであろうか。ここでは、現在の東京都練馬区域を対象に、明治初年に創設された小学校を取り上げてみたい。

　東京都区部のなかで最も広い面積を有する練馬区は、区民数も約73万人、区立小学校だけで65校にものぼる(2018年12月時点、練馬区ホームページ)。しかし、学制頒布直後の1873(明治6)年段階では、わずか16校の家塾をもって出発したのである。また、それらを母体として創設された小学校(私立学校を含む)は、1877(明治10)年までに12校であった。そこで、明治初年創設の系譜をもち、創設100年以上の歴史を有する区立小学校5校の学校記念誌をみてみる。なお、開進第二小学校は1929(昭和4)年の創立であるが、明治初年からの叙述があるため、ここに含めた。

　小学校の学校記念誌は、大きく2つのタイプに分けることができる。1つは、在校している小学生へ向けた平易な叙述方法をとるもの、もう1つは、卒業生や地域住民へ向けたしっかりした内容のものである。前者の場合は、参考史料の出典が記されていないこともある。そのため、明らかに学校沿革誌などの史料を参考にしていると考えられても、その確証のない限り、ここでは採用しないこととした(「；」以下は参考とした史料を示す)。

　豊溪_{ほうけい}小学校(1874(明治7)年の豊島学校一番分校創立より叙述)

　　100周年(1976年)；学校沿革誌、加藤政八の家塾開業願(東京府文書)

　豊玉小学校(1876(明治9)年創立より叙述)

　　90周年(1966年)；学校沿革誌

　石神井西小学校(1875(明治8)年の豊島学校三番分校創立より叙述)

　　100周年(1976年)；山下敬斎の家塾開業願(東京府文書)

　練馬小学校(1877(明治10)年創立より叙述)

　　88周年(1965年)；学校沿革誌

　　100周年(1977年)；学校沿革誌

開進第一小学校(1882(明治15年)の開進小学校創立／明治初年より叙述)

    100周年(1983年)；学校沿革誌、相原万吉の家塾明細表(東京府文書)

開進第二小学校(1929(昭和4)年の開進第二尋常小学校創立／明治初年より叙述)

    50周年(1979年)；学校沿革誌、松山塾の家塾開業願(東京府文書)、松山塾の私学明細(東京府文書)

  練馬区立の小学校は、十数校で始まった明治初年から現在まで、分離・統合を繰り返しながら増加していった。そこから枝分かれした学校では、現在の名称を基準に創立年度を決める場合が多いようである。そのような明治初年に創立年度を設定していない学校のなかにも、創立以前に遡って江戸期や明治期の地域の教育状況を記念誌で叙述し、これらの史料を利用している。

  上記の学校記念誌で主に利用される史料は、家塾開学願書・家塾明細表(以下、両史料を「開学願書」と総称する)と、学校沿革誌の2つである。開学願書は、後述するように、学制頒布後に家塾などの私学の継続・新設を望む塾主に対し、塾の概要を添えて申請させた願書である。学校沿革誌は、学校の創立以来、校舎改築など出来事や学校行事を記録したもので、現在でも学校日誌などとして継続して書き継いでいる学校も多い。なお、一般用語として使用する場合は"学校沿革誌"、個別の史料名を表す場合はカギカッコ付きで表記する。

  多くの学校では10年ごとに記念誌を編纂しているが、特に50周年や100周年において詳細な調査と叙述がなされていることがわかる。

  練馬区では、明治初年に創立された学校が開校100周年を迎える少し前に、『練馬区教育史』通史編・資料編の刊行が進められていた。教育史の刊行は、学制頒布100年に合わせた事業の一環として、全国の自治体で行われた。そのため、学制頒布より数年後れて創立した学校は、100周年の記念誌に『練馬区教育史』の成果を利用することが可能であった。史料の存在自体もであるが、例えば開進第二小学校の50周年記念誌[1]において『練馬区教育史』資料編[2]の史料翻刻部分を写真で掲載しているように、くずし字が解読できない者でも利用しやすいようになっていることは、学校記念誌の編纂におおいに役立っているのではないだろうか。

140 第3章 学校資料で地域の歴史を語る

　明治初年の学校の様子を知ることのできる史料はかなり限られており、数少ない現存する史料を最大限利用したいと思うのは当然のことである。しかし、それらの史料は、当時の様子をどのように伝えているのであろうか。学校の母体となる家塾の存在をどう評価するか、前代の遺産、旧態として非連続的に捉えるか、近代学校教育の出発点として連続的に捉えるか、それによって叙述の仕方も大きく変わる。史料を利用する際には、その批判的検証を行い、史料の性格を見極めた上で活用することが求められる。

2　地域に残された開学願書

　東京都内の公私立学校の学校記念誌では、練馬区の事例のように、東京府の開学願書が頻繁に利用されている。

2-1　開学願書とはなにか

　これら開学願書とは、どのような史料であろうか。

　文部省は、1871（明治4）年、全国の私立学校・私塾・家塾といった私学に対し願いを提出させては逐次認可を与えてきたが、学制頒布後の同年10月にいたり一斉に開業願を出させた。東京府でも、1872（明治5）年8月の学制頒布以降、私立学校・私塾・家塾といった私学の教育機関に対して、あらためて開業するための願書を提出させ、特に家塾には公立学校の代替として教育にあたらせることとした。東京府では、1973（明治6）年段階でも、公立の小学校は29校のみであり、江戸時代以来の家塾を小学校の代替として利用した背景がよくわかる。

　私学は学制の規定に従って官立学校に対応するもの、そのうち、私塾は教師免状を所持する者が自宅で教授するもの、家塾は教師免除を所持しない者が自宅で教授するものと区別されているという。ただし、家塾が全て江戸時代の寺子屋・手習塾ということではなく、漢学や医学など、いわゆる専門的な学問を教授する塾も含まれていた(3)。

　開学願書のうち、「家塾開業願」は、第1条から第5条まで、学校位置、学校費用、教師履歴・教師給料、学科、教則・塾則が記載されている。一方、

「家塾明細表」は、塾主(履歴)、位置、学科、教授書籍概略、生徒人員内訳について記載されている。単純にいうと、前者はハード面、後者はソフト面を詳しく知ることができるということになろう。

両者は、同じ申請年月が記載されていることから、同時に提出されたと考えられる。ただし、練馬区域の家塾でも、両者とも揃って現存している塾は限られている。

家塾・私塾の各塾から提出された開学願書は、東京府で簿冊に綴じられて管理された。簿冊は複数の表題をもつが、「開学願書」1〜31号(19・26号欠)29冊、「開学願書」4冊、「開学願書　私学之部」3冊、「私学開学願書」1冊、「開学願書　戸籍掛ヨリ請継書類」3冊と、「開学明細調」第1番中学区〜第6番中学区7冊が確認されている(4)。このうち、主に「家塾明細表」をまとめた「開学明細調」7冊(明治5年8月〜6年末)は翻刻され、東京都公文書館から『開学明細調』として刊行されている(5)。

この『開学明細調』を利用して統計的分析を行った石山秀和によると、「筆道」を教授する塾は東京府全域で762件、洋学や医学など専門的な学問を教授する塾は221件あり、合計で約1,000件にものぼる塾の情報が集約されている(6)。

東京府という広域を網羅したこれらの史料は、明治初年に存在した個別の家塾(手習塾)や私塾の基本情報を知ることができるとともに、東京府全域を対象とした統計的分析を行うことが可能となるものである。民間教育機関、特に家塾など初等教育機関に関する史料が限られている明治初年について、文部省が明治20年代にまとめた『日本教育史資料』(7)とともに貴重な史料といえよう。

2-2 地域に残る開学願書

後述する練馬区立豊溪小学校は、練馬区の北端中央部に位置し、かつてこの一帯は下土支田村と称する農村地域であった。この下土支田村の名主を代々務め、明治初年の第八大区八小区に所属する下土支田村の副戸長であった小島家には、同村に所在した2つの家塾に関する開学願書が残されている。その家塾とは、豊溪小学校の前身である加藤政八塾と、豊島学校四番分校を

142　第3章　学校資料で地域の歴史を語る

経て豊溪小学校に合併する加藤熊次郎塾である。

　前述の通り、東京府に提出された開学願書は、現在の東京都へ継承されているため、東京都公文書館所蔵のものを正本とすることができる。そこで、小島家所蔵の開学願書の性格を確認するため、東京府の正本と比較し、その共通点や差異点をみてみたい。

　小島家と東京府で管理されたものは、下記の通りである。また、練馬区立石神井公園ふるさと文化館(以下、文化館)には、隣村の上土支田村に創立され、豊島学校二番分校を経て現在の大泉小学校となる加藤金五郎塾の開学願書が所蔵されており、参考のため、併せて検証することにする。

【小島家文書(8)】
　a 明治6年6月「家塾明細表(加藤熊次郎)」
　b 明治6年6月「家塾開業願(加藤熊次郎)」
　c 明治6年6月「家塾明細表(加藤政八)」
　d 明治6年6月「家塾開業願(加藤政八)」

【東京府(東京都公文書館所蔵)(9)】
　e 明治6年6月「加藤熊次郎より家塾開業願」
　f 明治6年6月「加藤政八より家塾開業願」
　g 明治6年6月「加藤金五郎より家塾開業願」

【練馬区立石神井公園ふるさと文化館所蔵(10)】
　h 明治6年8月「家塾開業願(加藤金五郎)」

2-2-1　加藤金五郎塾の東京府gと文化館hの比較

　両者を比較すると、まず筆跡が同一であることがわかる。記載内容をみても、一言一句同じであるだけでなく、改行・改頁(改丁)も全く同じである。

　文化館hの性格が最もわかるのは、末尾の「家塾開業聞届候事」という朱書きと、そこに押印された「東京府」印である。この文化館hは、家塾開業のために提出された東京府gを受けて、開業を認可したことを伝達・証明するものであった。つまり、東京府へ家塾開業を願い出る際、東京府に保管される正本とともに、認可を伝達・証明するための副本が提出されたこと、おそらく不認可となった場合もその旨が副本に記され村へ返却されること、という2つの点を読み取ることができよう。文化館hは副本ということになる。

2-2-2 加藤政八塾の小島家 d と東京府 f の比較

両者は、同じ表題と申請年月をもつ加藤政八塾の「家塾開業願」であるが、写真1と写真2のように筆跡が全く異なるだけでなく、大幅に内容が異なる箇所が複数確認できる。このような決定的な違いは、どのような理由から生じたのであろうか。

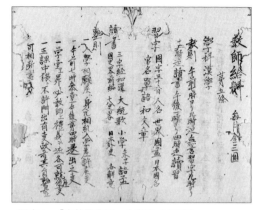

写真1 「家塾開業願」小島家 d（原案）

とりあえず、両者の記載内容の違いについて確認してみたい。記載内容を一覧にしたものが表1（次頁）であり、差異がある箇所にはわかりやすいように下線を付しておいた。大きな差異は、以下の2点が確認できる。

〔学科〕

小島家のものでは、学科は「漢学」のみで、

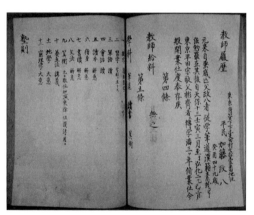

写真2 「家塾開業願」東京府 f（正本）

「習字」「読書」のテキストとして、前者は「国字」から「和文章」まで、後者は「三字経和漢」から「各解意」まで列記されている。これらは、江戸時代以来の手習塾で広く学ばれた、実用的な手習いと初歩的な漢学（儒学）の学習課程と同じものといえよう。一方、正本をみると、学科は「筆道、読書、算術」とされ、教則も「一　綴字　読并習字」から「十二　窮理学　大意」まで、近代学校教育制度で規程された科目が並べられている。また、時間割をみても、小島家のものでは、午前7時より9

144　第3章　学校資料で地域の歴史を語る

表1　加藤政八塾「家塾開業願」対照表

	小島家 d	東京府 f
1　学校位置	下土支田村第三拾六番地　本覚寺門前	下土支田邑第三拾六番邸　本覚寺門前
2　学校費用	無之／束脩　随意、月謝　随意、月俸　無之	無之／束修　随意、月謝　随意、月俸　無之
3　教師履歴	東京府管下当村七拾一番地住　農加藤政八　酉四拾九歳【履歴省略】　元来自癸歳干亡父政八従学筆道並漢籍素読等仕、其後天保十三年寅歳二月ヨリ弘化二乙巳歳至干三月東京平田彬斎江従学満三ケ年脩業仕、今般開業仕度候	東京府管下下土支田村七拾壱番地住平民　加藤政八　癸酉四十九歳【履歴省略】　元来自癸歳亡政八者ニ従学筆道漢籍素読等勉強罷在、其後自天保十三壬寅三月至于弘化二乙巳三月東京平田宗敬父彬斎者江転学満三ケ年脩業仕、今般開業仕度奉存候
4　教師給料	毎月金三円	無之（「月給三円」に貼紙にて訂正）
5　学科	漢学	筆道、読書、算術
	【教則】　午前七時ヨリ九時迄無言習字、九時ヨリ十二時迄読書、午後一時ヨリ四時迄読習	一　綴字　読并習字、二　習字　字形ヲ主トス、三　単語　読、四　会話　読、五　読本　解意、六　修身　解意、七　書牘　解意、八　文法　解意、九　算術　九九・数位・加減乗除　但漢法ヲ用ユ、十　養生法　講義、十一　地学　大意、十二　窮理学　大意
	【習字】　国字、五十音、人名、世界国尽、日本国名、官名、単語、和文章	
	【読書】　三字経和漢、大統歌、小学朱子語孟、国史略前編、十八史略、日本外史、各解意	
塾則	一、入学相願候ハ身元相糺入学差許候事一、午前七時参堂、午後第四時退出之事一、学堂エ昇リ必教師エ礼義ヲ述各可就座位事一、正課中猥ニ許門出、有事故者其旨塾長江可相断事一、正課中猥ニ座席ヲ立、他ノ勉強ヲ不可妨事一、人之不在ヲ犯シ書籍筆墨等不可濫用事一、毎月一日十五日廿五日習字ヲ廃シ、午前七時ヨリ九時マテ読書、十時十二時ニマテ童蒙須知孝経小学等講義シ、就中当村ノ儀ハ元来寒村ニテ頑陋ナ土地柄故、随而軽俊ノ子弟多ク有之候間、右等自乱童躁（サワグ）妄蹈□ヲ箴規シ、専沈静ナラシメ敬身ノ要義ニ教誨スルヲ緊要ニ仕度存候、午後休暇ト相定候事	一、入学相願候者身元相糺引受人相立入学可差許候事一、午前七時参堂、午後第四時退出之事一、学堂エ昇リ必教師エ礼義ヲ述各可就座位事一、正課中猥不許門出、有事故者其旨塾長江可相断事一、正課中猥ニ座席ヲ立、他ノ勉強ヲ不可妨事一、人ノ不在ヲ犯シ書籍筆墨等不可濫用事一、毎月日曜ノ日ヲ以テ休暇ト相定候事

下線は相異部分。

時まで「無言習字」、9時より12時まで「読書」、午後1時より4時まで「読習」と、手習塾の学科に合わせたものとなっている。

〔塾則〕

最後の条目で休日について定めている。小島家のものでは毎月1日・15日・25日には習字を行わず、午前に読書と漢学の講義、午後を休暇とすると定めている。一方、正本では毎月日曜日を休日とし、1週間という曜日感覚のなかで定期的な休日設定を定めている。特に、小島家のものでは、午後の休暇の目的を、寒村で児童の風紀も悪いため、「敬身ノ要義ニ教誨」するためと説明している。

2-2-3 加藤熊次郎塾の小島家bと東京府eの比較

参考のため、同じ下土支田村で家塾を開設した加藤熊次郎塾についても同様に比較してみたい。

熊次郎塾でも政八塾と同じく、学科・教則、塾則の休暇に関する条項で、小島家のものと正本とに差異をみてとれる。小島家のものでは加藤政八塾と習字のテキストに違いはあるが、手習塾でよくみられる師匠の個性と判断できよう。休日は、ともに毎月5のつく日を休暇にあてるが、半日か全日かの違いが見いだせる。

以上、2つの塾の「家塾開業願」を取り上げ、東京府の正本と地域に残されたものを比較してみた。その結果、学校教育制度の導入直後における公立小学校の代替としての家塾であるが、小島家のものでは地域性を踏まえての実用的知識の習得を目的とした江戸時代以来の手習塾のもとでの教育を想定しているのに対し、正本では政府の進める近代学校教育制度が定める規程に合わせた教育が想定されているという、教育方針という根本的な部分での差異を確認することができた。これは、作成者とその立場の違いを反映したもので、それゆえに、記載内容、つまり家塾の意義が全く対称的なものとなっているのである。正本の塾則は定型化されており、他地域の開学願書でも同文が多く存在していることから、政府の目指す均質的な学校教育の実施というものを示しているともいえよう。

2-2-4 3つの開学願書の性格と関係性

上記の3つの開学願書の関係について考えてみたい。

146 第3章 学校資料で地域の歴史を語る

　まず、開学願書を提出する手続きの流れを確認してみる。詳細な分析は省略するが、それぞれの開学願書の性格を踏まえると、小島家所蔵の開学願書は"原案"、それを改訂して提出された東京府所蔵の開学願書は"正本"、認可されたことを伝達・証明した文化館所蔵の開学願書は"副本"と位置づけることができる。

　なお、原案の筆跡はそれぞれ異なり、東京府全域を通じて同一小区内においても塾によって異なるところも多いことから、基本的には塾主が自ら作成したと判断できる。

　次に、各段階の開学願書の性格を手続きの流れと併せて考えてみたい。2つの原案の筆跡は異なるが、ともに小島家に所蔵されていることから、塾主から副戸長である小島家へ原案が提出され、小島八郎右衛門のチェックの上、手を加えられることとなった。そして、副戸長が正本と副本をとりまとめ、東京府もしくは上級役所へ提出されたと考えてよい。

　これらのことから、塾主は自らの判断で、これまで通り江戸時代以来の手習塾を念頭に置き、副戸長は、政府が進める近代学校制度に準拠する小学校を念頭に置いて願書を修正したといえよう。東京府全域から提出された開学願書をみると、書式だけでなく、学科・教則・塾則も定型化されており、東京府より指示があったことを窺わせる。副戸長である小島八郎右衛門は、自らの理念に従ってか、政府・東京府の政治理念を忖度してか、開塾を第一に考えた妥協の結果としてか、はたまた別の理由でか、原案を修正したと判断できる。

3　豊溪小学校「学校沿革史」の構成

　引き続き、練馬区立豊溪小学校を事例に、学校創設を伝える2つ目の史料を比較検証し、利用にあたっての課題を指摘しておきたい。

3-1 豊溪小学校の歴史
　まず、豊溪小学校の創設時の様子について、概観しておきたい。
　加藤政八塾の履歴であるが、加藤家は下土支田村で農業のほか、日用雑貨

明治初年小学校創立期の学校史叙述と史料（工藤）　147

や酒・醤油などを商っていた。富裕層であるだけでなく、信仰心も厚く、村民の信頼を得ていたと考えられる。屋号は中野屋で、代々当主の名跡として政八を名乗った。家塾を開設する政八は、1824（文政7）年生まれで、板橋出身ともいわれ、当初は綱五郎と名乗っていた。幕末期に、先代政八の娘ぬいの婿養子となり、加藤家を継承することとなったのである。政八は、開塾間もない1873（明治6）年7月より東京府講習所で下等小学教則を修業し、翌年5月に教師として豊島学校の五等授業生に任じられている。

　下石神井村に創立された豊島学校は下土支田村から遠距離であったため、1874（明治7）年9月に政八塾を分校とする願いが出され、翌年に許可が下され、豊島学校一番分校として創設されることとなった。このとき政八は本校の教員であったためか、分校の設立伺には娘の花の名前のみ確認することができる。そして、1876（明治9）年6月、生徒数も増加したことから、豊島学校から独立し、校名も豊渓学校と改称するにいたった。

3-2 学校沿革誌の構成

　では、豊渓小学校に所蔵されている学校沿革誌である「学校沿革史」[11]に、学校創立の歴史はどのように記されているのであろうか。

　「学校沿革史」の表紙には、豊渓尋常小学校時代の1918（大正7）年10月に編纂されたことが記されている。豊渓小学校の創設は、前述のように、1874（明治7）年の豊島学校一番分校、1876（明治9）年の豊渓小学校にまで遡ることができる。おそらく、創立以来書き継いできた学校沿革誌が何らかの理由で紛失・破損してしまい、再編纂する必要が生じたのであろう。

　1918（大正7）年といえば、1874（明治7）年から44年が経過しており、学校創立に関わっていた人、学校沿革誌の内容を記憶している人もほとんどいなくなっていたと考えられる。そのようななかで、どのように創立期の学校の歴史をまとめたのであろうか。

　「学校沿革史」を開くと、まず第1丁に「本校ノ前身」として、加藤政八の為人が6行あてられ記されている。そこには、加藤政八という「幼ヨリ学問ヲ好ミ」、人々より尊敬されていた人物がいたとし、村民が学問の必要を感じて政八に子弟教育を依頼し、1873（明治6）年6月に家塾開業を東京府へ

148　第3章　学校資料で地域の歴史を語る

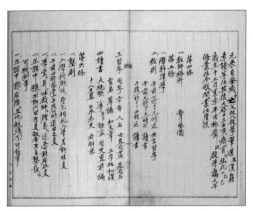

写真3　豊渓小学校「学校沿革史」に掲載された開学願書

願い上げたものが本校の前身である、という簡単な解説がある。

そして、続けて、みたことのある史料の写しが6丁にわたって掲載されている。開学願書である(写真3)。その後は、1873(明治6)年6月より1876(明治9)年まで政八塾で村内児童の教育が行われたこと、村内で協議の上で1876年に学校創立がなされたことが箇条書きで記されている。しかしここでは、政八の「無名ノ塾」から、1876年に豊島学校より独立して豊渓学校が設立されたことが直結され、豊島学校一番分校であったことは記述されていない。

開学願書に話を戻すと、前項でみた原案や正本とは少し様相を異にする。開学願書の写しは、加藤政八と、娘で同校の教員であった加藤花とに分けられている。

加藤花は、政八の五女で、1873(明治6)年段階で12歳余りと、幼くして政八塾の句読助教として教育に携わっていた。1865(慶応元)年より1869(明治2)年まで埼玉県在住の渡辺巻蔵に師事、1873年11月より翌年4月まで東京の日知学社で漢学を学ぶ。翌5月より7月まで豊島学校で下等小学教則を学び、8月に同校一番分校の六等授業生に任じられたという。

つまり、明治初年に豊渓学校の教育に携わった2名の履歴と、そこに記された情報により、創立当時の状況を再構築している。

記載内容から、小島家所蔵の原案の写しと判明するが、そのまま転載されてはいなかった。前半は小島家d「家塾開業願」の全文、後半は小島家c「家塾明細表」のうち政八塾の句読教師であった加藤花の部分、という2つの開学願書を組み合わせたものであったのである。このような利用の仕方からは、開学願書の意義や作成背景などをきちんと理解していない人物による

編纂とも考えられる。

「学校沿革史」での1920(大正9)年以降の叙述は、史料などを掲載しながら詳しく記されており、編纂が行われた1919(大正8)年の前後で、分量・内容・資料の面で大きく異なっている。1919年以前の学校の歴史について、ごく限られた史料をもとに再構築していたことが窺える。

下土支田村の副戸長を務め、同村所在の家塾の開学願書原案を伝える小島家文書は、現在、1,800点を超える史料が残されている。そのなかには、教育関係も多いが、1876(明治9)年の豊渓学校創立以前に関する史料は開学願書の原案のみといってよい。1919(大正8)年段階と現在とを単純に比較はできないが、40年以上も前の歴史について、史料や記憶ともに限られたなか、開学願書の引用が精一杯だったのであろう。

現在のような公文書管理法や情報公開条例もなく、東京府の管理する文書を閲覧することはできなかったであろう。そのため、限られた情報のもとで、副戸長を務め、学校行政に長く携わった小島家の所蔵する史料に頼らざるをえなかったのである。

ただ、丸写ししたのではなく、「塾則」の前に原案でも正本でも存在しない「第六条」を書き加えたり、条目内に項番号を付したりと、独自に体裁を整えている。

豊渓小学校の「学校沿革史」は、塾主であった加藤政八の意図を反映した原案をもとに構成したものであった。しかし、その際にも、編集に携わった人物の意図が存在したことは間違いない。そして、出典を明記しないまま、2つの史料を意図的に繋ぎ合わせて「学校沿革史」としてまとめたことは、地域資料や行政資料とは異なる、学校の意図を反映した第三の史料と評価してもよいであろう。

ちなみに、豊渓小学校の100周年記念誌[12]では、小学校の前身について、学校沿革史の冒頭に記された概略を掲載し、次に「<u>東京府知事大久保一翁に提出した</u>『家塾開業願』の中第五条授業内容・学習時間について抜粋」(下線は引用者註、以下同じ)を掲載しているが、これまでみてきたように、これは東京府へ提出された正本ではなく、加藤政八が作成し小島家に残されている原案である。

また、練馬区教育委員会の『郷土史シリーズ20 教育の先駆者たち』では、加藤政八塾の開学願書正本を挙げた後に続けて、「豊渓小学校沿革誌によると、教師給料毎月参円とか、教則中には午前七時より九時まで無言習字、九時より一一時まで読書、午後一時より四時まで読書などと、詳しい時程が記されている」と述べられ、両者の差異点が、単に「かなり詳細に定められている」という違いとしか認識されていない(13)。

　このことは、本稿で検討したことを踏まえれば、次の２つの点での理解が不足しているものといえる。１つは、開学願書には原案・正本・副本が存在すること、もう１つは、「学校沿革史」は加藤政八塾の開学願書の原案から部分的に引用したものであることである。つまり、「家塾開業願」と「家塾明細表」という文書自体の違いと、さらに原案と正本という性格の違いが存在するのであって、「詳細に」というのは、文書作成に携わった者の家塾開設に対する意図の差異によるものだということである。

　おわりに

　本稿では、行政・地域・学校といったさまざまな場に残された史資料、立場や思想が異なる人々の史資料、これらを利用して学校の歴史を語る際に、史資料の性格を見極めないと誤った歴史、学校史像を描くことに繋がってしまう恐れのあることについて、明治初年の開学願書を事例に検証を行った。

　これら各段階で作成された開学願書を比較してみると、創立当初の学校の方針や教育内容、期待された役割について、塾主、副戸長(村長／村の行政担当者)、東京府(国の地方官)、学校、という立場によって認識が異なり、それぞれが作成した史料によって後世への歴史の伝わり方にも違いが生じることがわかった。願書文面の"表向き"ではなく、実際の教育内容がどのようなものであったのかは、他の史資料を用いてさらに検討する必要がある。

　学校記念誌や自治体史の叙述になると、家塾を学校の母体とし連続的に捉える場合、つまり近代的な学校教育が早い段階から地域で行われたという視点に立つ場合は、東京府の開学願書や「学校沿革史」のような史料を選択することになるだろう。一方、家塾を江戸時代以来の手習塾の延長と捉え、学

明治初年小学校創立期の学校史叙述と史料（工藤）　151

校創設という近代化への転換に重点を置く場合、小島家の開学願書を選択し、非連続面を描き出すことになる。学校記念誌でそこまで意識的に執筆したり、詳細に描かれることは、それほど多くはないと考えられる。このことは、編纂者側が意図せずにどちらかを選択したとしても、読者には選択した史料の記載に沿うかたちで理解されてしまうのである。

　記念誌の性格から、詳細な編纂方針を窺うことはできないが、学校創立と近代学校教育制度の進展の歴史とをリンクしていることは否定できないであろう。

　さまざまな史資料を利用することで、より詳細に多角的に学校の歴史を知ることができる。その一方で、それぞれ作成者の立場・理念をきちんと踏まえ、史資料の性格を見極めて学校史を描くことがあらためて求められる。

註

（1）『開進第二小学校五十周年記念誌』（開進第二小学校、1979年）。

（2）練馬区教育史編纂委員会編『練馬区教育史』第2巻資料1（練馬区教育委員会、1973年）。

（3）東京都公文書館編『開学明細調』第1巻（東京都、1961年）。

（4）「開学願書」を含む東京府文書は、東京都公文書館に所蔵されている。なお、「東京府・東京市行政文書」33,807点は2014年8月に国の重要文化財（美術工芸品〈歴史資料〉）に指定されており、原本保存のため、同館ではマイクロ撮影した画像をDVD化して閲覧に供している。

（5）東京都公文書館編『開学明細調』全7冊（東京都、1961〜63年）。

（6）石山秀和「幕末維新期における江戸東京の手習塾と教育内容について―『開学明細調』の考察を中心に―」（江戸東京博物館都市歴史研究室編『東京都江戸東京博物館研究報告』9、東京都江戸東京博物館、2003年10月）。

（7）文部省編『日本教育史資料』全10巻（臨川書店、1969年復刻）。

（8）各文書の史料番号は、a・bはM1、cはM2、dはM4である。小島家文書は練馬区立石神井公園ふるさと文化館に所蔵されている。

（9）各文書の簿冊名と史料番号は、eは「開学願書・21号」（606.C4.22/8）、fは「開学願書・20号」（606.C4.21/38）、gは「開学願書・21号」（606.C4.22/8）である。

（10）史料番号は、2000-2-0271である。

152 第3章 学校資料で地域の歴史を語る

(11) 豊溪小学校所蔵。利用にあたっては、同校の渡邊重幸校長に便宜を計っていただいた。記して謝意を表したい。

(12) 豊溪小学校開校百周年記念誌委員会編『豊溪の百年』（練馬区立豊溪小学校、1976年）。

(13) 練馬区教育委員会編『郷土史シリーズ20　教育の先駆者たち』（練馬区教育委員会、1988年）。

学校資料の利活用とその保存
――地域史資料としての学校日誌――

大　平　　　聡

はじめに

　大学で学部・大学院を通して日本古代史を専攻してきた筆者が、現在、小学校を中心とする学校資料に取り組むようになった経緯については、これまでに何度か述べたことがあるので詳細はそれらに譲り[1]、ここでは要点のみ述べておく。大学での教育活動の一環として行ってきた勤務校の前身、「宮城(高等)女学校」の15年戦争期の実態究明から始めた学徒勤労動員調査を一段落させ、新たな方向性を模索していた時、県内の小学校に戦前の資料が保存されていることに気付いた。学徒勤労動員に関連する資料が保存されているはずの高等学校で、周年記念誌の編纂のために集められた資料が、記念誌の刊行後に廃棄されるという事態のあまりの多さに、資料的限界を感じていた時期でもあった。高等学校より数も多く、地域とのつながりも強い小学校に期待して早速始めた調査は、地域的偏りはあるものの、予想していた通りの、いや、予想した以上の成果を上げている。

　2009(平成21)年度に調査を開始して以来、これまでに宮城県内7市12町で100校にのぼる小学校を訪問し、統合校、分校を合わせれば150校に及ぶ小学校の資料を調査してきた。明治以降、1946(昭和21)年度までの学校日誌で、全ページ撮影を行ったものは延べ1,500年分に達する。内容整理に及んだ学校日誌はそのほんの一部に過ぎないが、本稿では、その歴史研究資料としての利用の一端を紹介し、あわせて、少子化と「平成の大合併」の結果として迎えている学校資料保存の危機的現状に警鐘を鳴らし、その保存を訴えたい。

154　第3章　学校資料で地域の歴史を語る

1　検討対象資料とその検討方法

　学校には多種多様な資料が存在している。まず、日々、学校内で生成され
続け、また、外部からもたらされ蓄積されていく紙媒体の資料（文書資料）が
挙げられる。最近ではこれに、紙媒体に出力されないパソコン上の電磁的デ
ータも文書資料に加えねばならない。物質資料としては、教具・書籍、学校
運営に必要な道具（事務用品、給食・保健・清掃用具等）、教育活動の成果物
などがある。これに加え、地域文化理解のために収集・寄贈された多種多様
な物質資料が存在する。地域の産業・暮らしを理解するための生活具、情操
教育のための美術作品、地域の歴史理解に資するための歴史的資料などなど、
実にさまざまな契機・目的で学校に搬入された物質資料が存在し、それ自体
が地域性、学校の特色を示す貴重な資料と言えよう。

　本稿では、筆者が調査の主要対象としてきた小学校の文書資料について述
べることとする。そのなかでも、資料調査の際、特に重視している「日誌」
（「学校日誌」）を中心に述べる。公文書綴りが歴史資料として重要であること
はいうまでもなかろう。また、個人情報の塊と言うべき学籍簿は、戦後は
「指導要録」と名称を変え、記載内容も大幅に変更されているが、戦前の学
籍簿は家庭環境に関する記載事項が多く、地域の産業構造・社会構造を知る
上で貴重な資料である。また、児童の所見欄に示される直截な教師の評言は、
教師個人のと言うより、その時代の教師の児童観を率直に表すものとして、
教育史資料としても他に替えがたい資料といえるが、筆者の調査では、学籍
簿類については目録作成のための表紙撮影のみを行い、資料収集、分析は行
っていない。

　そこで「日誌」[2]であるが、現在では「学校日誌」と呼ばれることが多く、
宮城県では、日々、日直の教員が記載責任者として学校内の行事、児童・生
徒の出欠数、教員の勤務状況、来校者を記録している。淡々とした事実記載
が特徴で、教師の所感が記されることはほとんどない。ただし、戦前の日誌
には「児童看護欄」があり、そこに教師の児童観が示されることはあるが、
それ以外の欄は事実記載を原則としており、現在の「学校日誌」と変わると

ころはほとんどない。

　しかし、戦前の日誌と、戦後も1950年代頃までの日誌には、現在の「学校日誌」に比べて、比較にならないほど多くの地域情報が記されている。それは、小学校が地域で多様な役割を果たしていたことの反映であり、それ故、「日誌」が地域史資料として重要な情報源となるということである。戦前の「日誌」に注目する理由はここにある。明治の学制頒布以来、地域住民の資財と労力に支えられて設立・維持されてきた小学校は、地域の共有財産として認識され、公民館や保健所・体育施設・図書館など、現在では当たり前の公共施設が不十分な時代にあっては、その役割を果たす施設として機能していた。学校に勤務する教育職員は、地域の文化人として住民から敬意を払われ、地域住民の様々な相談を受ける存在でもあった。また、小学校には、中等学校に進学しない青年を対象とする実業補習学校・青年訓練所（1935（昭和10）年に青年学校に統合）が併設され、青年団の活動も小学校を舞台に展開されている。

　もう一点、戦前の「日誌」で注目されることは、15年戦争期の教育現場の実態、そして市民生活を具体的に伝える資料としての価値である。敗戦直後の政府指示により、戦争関連の文書類が多く処分されたことは周知の事実である[3]。「日誌」は、淡々とした記述のなかに、戦争がどのように学校に、地域に入り込んできたかを静かに、しかし雄弁に語ってくれる。戦時期の一般社会の実情を知るための資料として重要である。

　「日誌」が自治体史編纂の際に注目され、叙述に利用されることはあったが、その資料的特性を積極的に評価し、その分析をもとに示した先駆的業績として、田中仁氏の『ボクらの村にも戦争があった―学校日誌でみる昭和の戦争時代―』（文理閣、2012年）が注目される。

　田中氏は、京都府福知山市内の小学校に残されていた「日誌」記述から探し出したある個人の、出征から戦死、遺骨になっての帰還、村葬に至る過程を、現地での関係者への聞き取りも含めた綿密な調査をもとに、詳細な個人史記述として示した。そしてさらに、「日誌」記述にみえる様々な事象を挙げ、戦争が遠い世界での出来事ではなく、現在平穏な生活が営まれているありとあらゆる場で過去に起こった実際の出来事であることを伝えようとして

いる。「学校日誌」の記述をもとにした先駆的業績として重要であるだけでなく、その利用方法としても、実名の記載と匿名での記載とを明確に使い分け、資料利用上の研究者倫理を実践的に示した研究としても、尊重されるべき研究である。

筆者はこれまで、宮城県内19市町で資料調査を行ってきた。広域に網羅的に資料を収集してきた結果、時代の全体的傾向、地域的特性をつかむことができるのではないかと考えている。田中氏の研究に学びつつ、田中氏とはまた異なった角度から、「日誌」という歴史資料の有する有効性、歴史叙述への可能性を示したいと思う。

2 展覧会を作る

2015(平成27)年3月、気仙沼市内でも最北部に位置する白山小学校が校旗を畳んだ。東日本大震災の被害は受けなかったが、震災前から児童数が減少し、その存続が危ぶまれる学校であった。2011(平成23)年3月1日、気仙沼市内で、当時、最後の調査対象と考えていた浦島小学校の調査を終えた足で白山小学校に向かい、すでに実施した調査で確認していた重要資料の保存箱への収納作業を行った。その10日後に地震が発生し、津波が襲来した。気仙沼湾から北方約1km、大船渡線鹿折唐桑駅前に打ち上げられた、あたかもモニュメントとして配置されたかのごとき巨大漁船の姿を記憶している方も多いであろう。震災遺構としての保存も一時話題になったが、結局、解体撤去された。その北方約1kmの所に鹿折小学校があり、白山小学校はさらにその北4.5kmの山間に鹿折小学校の分校として開校した。

震災から3年を経て、白山小学校が2015(平成27)年3月をもって閉校することが決まった。それより早く、2013(平成25)年3月、浦島小学校がその歴史に幕を閉じていた。震災後、最も早い閉校だった。この時は、閉校式終了後、最後の後片付けをしているところを訪問し、資料の保全作業を手伝うことしかできず、以来、口惜しく、申しわけない思いを抱え続けていた。実は、浦島小学校も鹿折小学校の分校であった。

そこで、白山小学校の閉校を知った段階で校長先生と話し合い、閉校記念

行事の一環として、学校資料をもとに、閉校記念展を開催することとし、その準備を筆者のゼミの学生が中心となって行うこととなった。白山小学校には、以前の調査では手をつけていない、1947(昭和22)年度以降の「日誌」が完璧に残っていた。戦後から震災直後までの膨大な量の「日誌」から学校の歩みを伝える記述を探し出す、最も労力の要る作業には、気仙沼市内の小学校の卒業生で、文化財整理作業に当たっていた方々の手伝いを得て、十分な資料収集を行うことができた。そして、展示の作成に着手した。

　展示名称は、校長先生と相談し、「学校日誌でみる白山小学校の歴史　白山小を忘れない」と決めた。内容は一切を託されたので、全9章立てとした。以下の通りである。

　(1)一番古い記録、(2)白山はじめてものがたり、(3)学校のあゆみ、(4)白山学区のくらし、(5)金山と白山小、(6)白山小のエーーッ⁉、(7)歴史の中の白山学区、(8)子どもたちの生活、(9)明日へ

　白山小学校には、1900(明治33)年度以降の日誌が残されており、上記のような充実した内容の展示構成とすることができた。作成した日誌パネルは100点を優に超えた。学校の歩みだけでなく、学区の歩みをたどれる構成になるよう意識したが、日誌には展示に堪える十分過ぎるほどの地域情報があり、その選択に苦慮するほどであった。結局3つの教室を使う大展示となった。展示作業は、宮城学院女子大学人間文化学科の学生20名余が、気仙沼市教育委員会生涯学習課の職員と協力して行った。会場入り口の装飾は児童が作成し、校長先生の挨拶文を配した。また、展示パネルに付したキャプションの全データを収めたパンフレットを作り、来場者に配布した。

　閉校式まで、二度ほど会場を訪問したが、一つ一つのパネルに熱心に見入る地域の方々の姿に接した。話しかけると、次々と学校の思い出、変容してきた学区の記憶が語られる。

　閉校記念展は、白山小学校が初めてであったが、実は学校日誌を使った展示としては、前年の2014(平成26)年2月、気仙沼市民会館で教育委員会との共同事業として「学校日誌に見る　昭和の気仙沼　Part1」を開催していた。仮設住宅に暮らす方々に、少しでも気晴らしをしてもらえればという思いから、また学区によっては、かつての居住地域に戻ることができなくなってし

まった所もあり、そういう場所に住んでいた方々に、学区の歴史が小学校の記録の中に保存されていることを知ってほしいという思いから、生涯学習課の方々と話し合って開催した展覧会であった。

戦前の学校の1年間の行事を各校の日誌記述でたどり、そして学校ごとに6枚のパネルを展示した。会場となった市民会館の駐車場にも仮設住宅が建っていた。たくさんの方に来場してもらえたが、筆者の意図とはまったく異なる点に注目して話に花を咲かせる来場者の多いことに驚かされた。どういう部分が注目されていたかというと、「日誌」の日直・宿直欄の教員名である。教えを受けた頃の記憶から、社会人となって新たに結び直した交流の記憶まで次々と語られる。これこそ、学校資料のもつ「力」だと感じさせられた。

市民会館での展覧会では、それまでまったく理解できていなかったことを教えられることもあった。それは、浦島小学校の展示を見ていた旧同校学区の児童から投げかけられた質問だった。「何で浦島に農繁休業があったの」。宮城県内では、6月中旬から下旬にかけて2〜3週間、農繁休業があった。戦前の田植えの期間は現在と異なり、6月に入ってから行われることを日誌から確認していたので、農繁休業はそのための休業期間だと思い込んでいた。浦島地区は、漁村である。それでも、自家消費の分ぐらいの米は作っていたろう、そう考えて、「自分の家のためのお米を作っていたんじゃないかな」、無責任にもそう答えてしまった。問いを発した少女は怪訝そうな顔をするだけだった。それは当然だった。浦島地区では水田をほとんど見ない。この説明で納得できるわけがない。後にそのことに気付き、改めて「学校日誌」から地域の歴史をたどることの意義を知ることになる。

3 理髪師(床屋さん)がやってくる

「日誌」は、日々、学校内で起こった出来事を淡々と記述することが一般的である。記述のなかから歴史的大発見をすることはまず期待できない。しかし、日々の出来事の淡々とした記述だからこそ、生き生きと浮かび上がってくる当時の日常を掬い取ることができる。歴史を学びながら常に頭に浮か

ぶ、その当時、人々はどのような日常を送っていたのだろうかという疑問に答えてくれる情報を引き出すことができる。

しかし、初めからこのように自信をもっていうことができたわけではない。気仙沼市民会館と白山小学校で行った2回の展覧会から、頭で理解し、説明してきた「日誌」の有する史料的価値が、通り一遍の教科書的理解にとどまるものであり、真に学校資料の重要性を理解した上でのものではなかったことを自覚させられることとなった。「日誌」の内包する歴史情報を十全に引き出す上に何が必要か。それを考えることは、史料から歴史事実を読み取るという、歴史研究の基本作業の実践そのものであることを改めて確認することとなった。次にこの点について述べることとする。

3-1 なぜ床屋さんが無料で理髪をしてくれるのか

白山小学校の展示作成作業の過程で、筆者が選んだ次の記述に学生が反応した。

> 気仙沼町南町理髪屋(青葉軒)徒弟、奉仕的ニ児童(二十五名)ノ理髪ヲシテクレタ(1929(昭和4)年5月1日)

「何で、床屋さん(理髪師)が無料で理髪をしてくれるのだろう」、「気仙沼市内から遠く離れているので、床屋さんが地域になかったからだろうか」。

なかなかよいところに気付いてくれたとばかり、昭和初年の東北地方の農村の経済的困窮状態について説明し、それで「床屋さんが無料奉仕で来てくれたのだろう」と説明する。すかさず、「何で経済的困窮の救済が無料理髪となるんですか」というまっとうな質問が返ってくる。そこで、戦前、人々を困らせていた「頭虱」の蔓延の問題に話が及び、さらに、経済的困窮の原因として、世界経済の問題、東北地方の独自の問題としての自然災害へと話題を広げることとなった。展示にもその点が色濃く反映されている。学生とのこうしたやりとりから、日誌の記述を大学の授業に使ってみようと思うようになった。

筆者の勤務校では、全学の2年生を対象とした一般教育に「総合コース」という科目がある。1つの大テーマのもと、4人の教員が、週2回の授業枠を前・後半に分け、それぞれ7回ずつ担当する授業で、筆者は15年戦争期の

学校教育の実態を小テーマとして授業を行ってきた。もともとは古代東北地方への中央政権の進出をテーマにしていたのだが、宮城女学校の勤労動員調査を機に、いわゆる自校史教育をも視野に、戦争と平和を考えさせる内容にと変更していたのであるが、そこに15年戦争に至る前段階として、昭和初年の東北地方農村の困窮を置いて考えさせようと思いついたのである。

　そこで、気仙沼市と登米市の小学校の昭和初年の日誌を一覧してみることとした。両市を選んだのは、それまでの調査で、両市が良好に日誌を保存している地域であること、気仙沼市が三陸沿岸部であるのに対し、登米市は内陸部にあり、地域的比較もできるのではないかと考えたからである。それに、日誌記述の整理の終わっていた多賀城市を加えることとした。以下、煩を避けるため、小学校名は冒頭に各市の最初の一文字を記し、「小学校」は省略する。たとえば、「多：山王」は多賀城市の山王小学校のことで、「30・10・1」はその1930（昭和5）年度日誌10月1日条を意味する。

　1927（昭和2）年度以降の「日誌」から、頭髪に関連する記述を抜き出していったところ、27年度は気：大谷のみに見えるに過ぎない。5月と10月に校長が朝会で頭髪・容儀を整えることを注意し、翌年3月に理髪師が来校したという3件の記述である。29年度に前記の白山の事例（5月1日）があるが、注目されるのは、そこに見えた「青葉軒」が、28年度末の3月に二度、同じ気仙沼市内の新城小学校で無料理髪を行っていることである。さらに白山での無料理髪の翌5月2日にも新城で無料理髪を行い、5月30日には再び白山で行っている。30・31年度は無料理髪の記事は見えないが、多：山王（30・10・1）に「貧困児童のため訓導の理髪やさん」の見出しの新聞記事切抜きが貼られている。貧困と無料理髪がここに結びつくが、もう一つ、注目される記述が散見される。

　それは、「虱取頭髪薬売り人来校」（気：唐桑、30・6・19）といった記事で、多：山王（30・5・2）より、この業者が「東京衛生実験所」で、「アイモール」という「毛髪寄生虫駆除剤」の訪問販売であったことを知る。この業者は、この薬の実験をしながら販売したようで、おそらく女子児童を販売対象としていたと思われるが、「貧困」に喘ぐ当時の社会情勢のなかで、果たして、どれほどの販売実績を上げることができたか、疑問である。しかしここに、

貧困と衛生が大きな問題となりつつあることを読みとることができる。そして、32(昭和7)年度に入ると、無料理髪の記事は格段に増加し、調査対象全域に広がっていく。35年度には、年を越えた1月に、朝日新聞社からバリカンが寄贈されたことを示す記述が多数見られる。

　この事実はまず、1929(昭和4)年、アメリカの証券取引市場で起こった株価の大暴落に端を発する世界的経済不況、「世界恐慌」と密接にかかわるものであることを容易に予測させよう。32年度に無料理髪が急増することがそれをよく示している。前述の多・山王の日誌に貼り込まれた新聞記事が示すように、32年度以前にすでに貧困問題は深刻化していたのであり、それが「世界恐慌」の影響の現れであったことは間違いない。では、「世界恐慌」はどのように東北地方に貧困をもたらしたのであろうか。

3-2 世界恐慌と東北地方の貧困

　ここに、前に述べた、気：浦島の児童の「農繁休業」に対する疑問が重要な意味をもってくる。水田のほとんどない浦島学区になぜ、「農繁休業」が必要であったのか。現在、東北地方では田植えは5月中に行われているが、戦前、戦後もしばらくは、6月に入ってから行うことが一般的であった。「農繁休業」は6月中旬から下旬にかけて2週間程度設けられることが多く、田植えの時期とほぼ一致する。しかし、田植えは高い技術が要求される作業で、小学生では高学年、もしくは高等科以上でなければ十分な成果は期待できない。小学校には実習田があったが、田植えの実習は高等科および青年学校の生徒の作業によってなされている。田の草取りにはまだ少々早い。では、休業となる尋常科3〜6年の児童には何が期待されたのか。

　実は、田植えが始まる時期、東北地方の農村では、大きな現金収入となる農作業がもう一つ、重大な時期を迎えていた。養蚕である。春に孵化した蚕が繭を作る(上簇)準備を始める時期で、蚕はそのために猛烈な食欲をみせる。桑の葉を摘む作業なら子どもでも十分できる。気：白山(27・4・11)には、学校の農園に島内・甘楽・白苗(伊達桑)という3種類の桑の植え付けを行った記述が見える。また、登：中津山(18・6・10)の「本日ヨリ二週間、尋常科三学年以上、農桑多忙ノタメ、臨時休業」という記述は、東北地方における

162　第3章　学校資料で地域の歴史を語る

この時期の農繁休業の意味を余すことなく語っている。

　現在、そのかけらほどの残存も見ることができない養蚕業、すなわち繭生産は、戦前、稲作と並ぶ東北地方の農業の機軸となっていたのである。漁村部においても、貴重な現金収入を支える副業として盛行していた。生糸の一大消費国アメリカの経済不況が深刻な影響を与えたことがよく理解される。

　1932（昭和7）年頃、その深刻な影響が大きな社会問題となっていた。登：豊里（32・7・24）に「農村不況打開ニ関スル座談会アリ」、同じく登：佐沼（32・10・1）に「午後一時ヨリ、国民更生大講演会アリ」とみえるように、農村の自力更生が声高に叫ばれていた。

3-3 自然災害、東北地方を襲う

　そこに、2つの大きな自然災害が東北地方を襲う。1933（昭和8）年3月3日午前2時半頃、東北地方に大地震が発生し、三陸海岸一帯は地震に付随して発生した大津波に襲われた。漁村部は、生活の基盤すら失ってしまったのである。津波被災学区を抱える小学校の日誌には、その被害状況、その後の救済策が記述されており、東日本大震災後の対応と比較検討が可能であるが、ここでは可能性を指摘するにとどめておく。

　翌1934（昭和9）年、今度は東北地方太平洋側全域にかかわる自然災害が発生した。宮城県も全県的に被害を受けた。大冷害である。この年、稲作の本格的開始を目前に、農村再建を目指す集会があちこちで開かれていた。たとえば登：石越（34・5・13）には「午後二時半より、本校講堂ニ於、石越村経済更生計画樹立実行挙村宣誓大会挙行」という記述がみえる。日曜日に開かれたこの集会は、地域住民を結集し、地域再建に向けた決起集会として企画されたものであろう。しかし、この集会は実施されなかった。「雨天の為、集会する者僅少」だったからである。意気込みにもかかわらず天候が水を差したのであるが、集会を流会にさせた悪天候は、この年の稲作の先行きに対する不吉な前兆となってしまった。

　一、毎日ノ陰鬱ナル天候継続セルモ、本日ニ至リ、十数日目ニ太陽ノ顔ヲ
　　　見タリ
　一、夕刻ヨリ、又々雨降リトナル、夜中頗ル強ク降リタルモ、翌朝ニ至リ、

ヤウヤク止ミタリ（但シ、本バレカダウカ疑問ノ空模様ナリ）　（登：横
山、34・7・23）

久シクテ日光ヲ見ル─小麦打チヲナス（気：津谷、34・7・23）

一、九月一日以来ノ晴天ナリ、気温モ上ッテ七十六度（摂氏24度）　（登：
浅水小学校浅部分教場、34・9・27）

　日誌には珍しい、天候に関する詳細な記述である。日照不足が稲の登熟に
影響を及ぼしたであろうことは予想されるところであるが、さらに収穫の迫
った9月21日には、かなりの勢力の台風が襲来した。

　収穫期を過ぎた11月頃から、各小学校の日誌記述には「貧困児童」の語が
頻出する。たとえば登・登米（34・12・3）には「冷害凶作ニヨル貧困者調査会、
午後一時ヨリ、応接室ニ於テ」と記され、単なる日照不足でなく、低温被害
であったことが明瞭である。実はこの点でも、日誌が貴重な事実を提示して
いる。毎日の気象・気温記事である[4]。

　気：月立は、気仙沼でも内陸部の中山間地に立地する小学校である。この
年、7月7日までは順調に例年並みの気温上昇を示していたが、7月8日、
前日の27度から一気に10度近く低い18度を記録する。以後、この低温傾向は
9月まで継続する。

　登：佐沼は宮城県のほぼ中央に位置する。学校は町場に立地するが、周囲
は県内でも有数の穀倉地帯である。ここでは7月8日まで順調に高温傾向を
示し、特に4日から8日までは34・35度という高温を示していた。ところが
7月9日、一気に気温は10度以上下がり、22度と記録された。

　佐沼が月立に1日遅れて低温傾向を迎えた事実は、この低温傾向、すなわ
ち冷害が太平洋から吹き込む東北風、地元の言葉でいう「やませ」によって
引き起こされたことを明瞭に示すものである。1934（昭和9）年を中央に、そ
の両側に33・35年の7月から10月までの毎日の気温変化を示した2校の表を
作り、それを筆者の一般教育科目「総合コース（東北と日本）」の受講生に見
せたところ、受講生180人中わずか1人であったが、「やませ」による冷害の
発生を読みとった学生がいたことは、筆者にとって大きな収穫であった。

　1934（昭和9）年に東北地方で大冷害が起こり、農村が大打撃を受け、「娘
の身売り」が社会問題になったという事実は、教科書的知識としては知って

いた。しかし、日誌から関連記述を網羅的に抜き出して整理して初めて、この冷害を、単なる知識としてではなく実際に起こった出来事として、理解できるようになったと感じている。

3-4 なぜ学校に風呂があるのか

　貧困・衛生問題に関してもう一点、付け加えておきたいことがある。2018（平成30）年3月、気仙沼市の三陸沿岸で最北端に位置する小原木小学校の閉校行事の一環として、記念展示の作成を依頼され、実施した。製作途中、貧困・衛生問題への学校の取り組みとして、児童に学校で入浴させたという記述(5)を取り上げたことに対し、当然のごとく学生から疑問が発せられた。

　予想していたことではあったが、予想と違ったのは、第一の質問が、「なぜ学校に風呂があるのか」ということであった。「何で学校で入浴させねばならないのか」と予想した質問の前に、上の質問が投げかけられたのである。教員の宿直自体が、既に一つの歴史的な事実となっている。宿直で帰ってこない教員の父を見ていた筆者にとっては何の不思議もない記述に、学生は疑問を感じる。宿直を説明しながら、この問いを発した学生と同じ目でみることの重要性を学ばせられた。

　予想していた第一の質問に対しては、毎日風呂に入ることが当然の現在と違って、かつては週に1、2回程度の入浴が一般的であったという回答を準備していた。しかし、それだけではなぜ、学校で児童を入浴させる必要があったのかを説明しきれていない。実はこの地域は水に恵まれず、生活用水の確保自体が大きな労働課題となっていた。加えて、燃料とする薪炭も高価な貴重品だったのである。風呂に入ることは当たり前のことではなく、ありがたさを感じるべきこと、敢えて言えば贅沢に属することだったのである。児童の貧困と衛生問題に心を砕いていた教師たちの心情にまで思いを致すことができたのは、学生の目に学んだ結果だと思う。風呂を「ご馳走」とありがたがった良寛の思いに近づけたような気がする。

　いささか横道にそれてしまったが、学校日誌の記述は大学での歴史教育に十分活用できることを理解していただけたのではないかと思う。もちろん、大学だけでなく、どの段階の学校でも歴史教育に利用できることはいうまで

もない。明治以降の歴史を教える際に、自分の勤務する学校にこのような資料があったなら、まず教員自身が教える内容に対して現実感をもって認識し、児童・生徒・学生が理解しやすいように伝える素材として活用できるであろう。

　長年、高等学校で「戦争の時代」の教育実践に取り組んだ今野日出晴氏は、歴史事象を現実感をもって認識する経験の重要性を指摘している[6]。これまではその方法として、戦争体験者から体験談を聞くということが一般的であった。しかし、それも時間の問題となっている。かつて学校に存在していた、自ら戦争体験を有する教員はすでに姿を消し、やがては戦争体験者から直接体験談を聞くことができた教員もいなくなっていく時が来る。そうなった時、教員はどのように現実感をもって戦争の時代を教えることができるのか。そこに学校日誌の有する史料的価値が期待され、田中仁氏の先駆的業績の重要性があると確信する。学校資料、なかんずく、学校日誌の研究素材、教育資源としての価値を強調しておきたい。

4　学校資料の保存と課題

　前節では、筆者の勤務校での教育・研究実践と、そこから得た学校資料に対する認識を示してきた。筆者の利用実践は、学生に対する歴史教育に限られたものではない。繰り返し述べたことではあるが、もう一つ、「展示」という方法でも利用実践を重ねてきた。最近は、筆者の活動を知った方々から招かれ、講演を依頼されることも増えてきた。筆者は講演を依頼され、それが学校資料の重要性を説明してほしいという要請である場合、「電気紙芝居的展示」として講演を行ってきた。

　たとえば、本稿を依頼される一つの契機となった茨城県立歴史館で開催されたセミナー[7]で行った講演「学校資料は地域の宝」では、学校資料（文書資料）に関する総論的紹介を行った後、「学校日誌にたどる宮城県の昭和の記録・戦争の記憶」のタイトルのもと、以下のような章立てで83点の日誌画像を映写した。

　(1)不況に明けた昭和―理髪店の無料奉仕

166　第3章　学校資料で地域の歴史を語る

(2)地域の産業構造—農繁休業の意味

(3)昭和初年の不況・貧困

(4)東北大冷害と農業恐慌

(5)15年戦争の開始と学校・地域

　前に述べた大学での教育実践とほぼ同じ構成である。このセミナー(研修会)は、自治体の文書管理担当者を主対象として開催されたものであるが、後に届けられたアンケートの記述から、県外の資料による講演であったにもかかわらず、関心をもって聞いていただき、筆者の伝えたかったことをよく理解してもらえたことを確認することができた。いくつかを紹介してみたい。

　①学校日誌からわかる当時の社会状況がおどろきでした。学校文書の保存について考えさせられました。

　②市史編さん事業の中で市内小中学校、高校の資料確認をしています。担当する先生によって対応が異なり、(個人情報保護のためみせられない、残っていない等、門前払いをする方や協力的に資料を出してくれる方など)収集の大変さを感じています。また、調査をしている時に、公文書がたまって保管する場所がないため、保存年限を過ぎたものは廃棄するという先生もいて、文書館がない○○市がどうやって文書を保存していくか悩んでいます。

　③学校の資料は普段私たちが目にすることはなく縁遠いものと感じていました。しかし学校資料は地域の歴史を残すうえでとても重要であると感じました。今後公文書の管理を検討するうえで学校資料についても十分検討していきたいと感じました。

　④保存年限を過ぎた学校資料も歴史資料として貴重な意味をもつということがよくわかりました。校長等の個人の判断ではなく、組織的に適切な保存がされるようにできるとよいと思いますが、どのような基準で重要と判断できるのかが、現場での運用の難しさを感じました。

　⑤管理者による人災(資料・史料を捨てる等)を当市でも防ぎたい。学校資料の現存状況等現況の調査を行いたい。

　まだまだ紹介したいところであるが、この5人の方々の記述に基本的な課題が示されていると思う。

　まず、学校資料が歴史資料となることを理解してもらいたいという目論見

は、①③④に示されるように達成されたと思う。そこから現況調査をしたいという③⑤には、その実践を期待したいところである。一方、すでに学校資料の重要性を認識し、その調査に当たってきた方の記述②および④⑤には、学校資料の保存上の根本的問題が端的に示されている。さらに④はその解決法の難しさを指摘している。

以上の点について、最近の経験を加えながら、成果と課題、問題点を述べていきたい。

学校資料のほとんどは公文書である。日々作成され、また届けられる文書は、その内容に基づいて20～30の紙製のファイルに分類され、蓄積されていく。公文書には種類によって保存年限が定められており、ファイルの表紙に保存年限が記されることが多い。ちなみに、日誌の保存年限は5年とされている。問題は、保存年限を過ぎた文書の扱いである。日誌も含め、保存年限を超えた文書を片端から廃棄していく徹底した学校もあるが、多くの学校は選択的に廃棄しているようである。

ただし、その選択に明確な基準があるわけではなく、紙製のファイルに綴じこまれた資料、つまり現在に近いファイルが廃棄される率が高いように思われる。古い資料は何となく捨てがたいという「感覚」からそのままに置かれていることが多いが、「個人情報保護」の大義名分のもと、「明治」の年紀を有する分厚い学籍簿を、躊躇なく大型裁断機に放りこめる人格は決して特異ではない。むしろ現状では、いやこれからも、その方が正常と言うべきなのかもしれない。廃棄は、②⑤が記すように、管理者（その多くは学校長）の個人的判断によることが多いが、教育委員会が保存年限を超えた文書を廃棄するよう指示し、トラックを巡回させて収集したという、徹底した事例も耳にする。

一方で、資料の有する歴史的価値を認識し、積極的に残そうと、資料に「永久保存」と書き加えた管理者もいる。いったん「永久保存」と書かれると捨てにくいらしい。「永久保存」の4文字は学校資料を守るため、最も有効な護符となる。この4文字を書き加えるのも個人の判断である。求められて資料を保存箱に収め、この箱に「永久保存」と書いていただけたら安心なのですがと漏らしたところ、後日再訪して、箱にこの4文字が朱書されてい

るのを見た時は本当に嬉しかった。

おわりに

　調査を終え、その報告として作成した目録を届ける時、資料の重要性を伝えることを心がけている。日誌の抜粋を作成し、目録とあわせて届けた学校で、「貴市唯一の貴重な資料です」と説明し、「大切にします」という校長先生の言葉に安堵したものの、数年後、再調査の必要から訪問して、「先生の研究が終わったので、原本は捨てました」といわれた時には目の前が真っ暗になった。筆者の作成した日誌抜粋のファイルは校長室に保管されていた。原本を捨てたという教頭は、「大切にします」と言ってくれた校長のもとでも教頭を務めていた方だった。

　筆者の活動を理解し、空き教室を資料室として整備することを決めた校長先生がいた。膨大な資料を、種類・年次別に整理し、あちこちから集めた整理棚に収納した。校長は時間を見つけては自ら資料室にこもり、カラーコピーをとって展示の準備をしていた。調査をともに進めてきた教育委員会生涯学習課の職員と相談し、資料室の開室式をマスコミにも通知して大々的に行い、複数の新聞紙上に紹介された。戦前の資料は保存封筒に入れるところまで行っていたが、戦後の資料は年次別に整理するところまでしかできず、さて、保存封筒への収納作業に取りかかろうとして訪れた資料室の変わりように言葉を失った。保存封筒に入れておかなかった資料のほとんどすべてがなくなっていた。年次の仕切りに挟んでいたプラスチック板のみ、無造作に置き去りにされていた。個人情報がある資料は廃棄したと語るのは事務職員であった。資料室を開いた校長時代からの勤務者である。なかには、1949（昭和24）年、給食開始に当たり、保護者に対して実施したアンケート調査の調査票原本もあった。無記名である。それも捨てられていた。

　学校は管理者が替わるから、どんなに手厚く保全処置をしても絶対とは言えないことをいやというほど思い知らされた。統廃合を目前に、筆者が保全を申し入れたことをきっかけに、資料館の職員が同じ教育委員会の学校教育課とようやく直接話し合う機会を作り、廃棄される直前の資料を資料館に収

納することに成功した例がある。

　公文書として保存しようとすると、制度がないという壁に押し返されてしまう。ならば、文化財として保存する道がある。上の成功事例はまさにその典型的事例で、後に、町の文化財に指定するところまで進めることができた。指定のための意見書は筆者が執筆した。最近では、閉校する学校の資料を、教育委員会の文化財担当と校長の間で覚書を交わし、文化財担当部門で保管するようにしていただいている。それには文化財担当職員、部局の理解が必要で、上の措置を実現できているのは、筆者と調査を重ね、学校資料の重要性を熟知した職員の努力の賜物である。

　捨てるも個人、守るも個人というのが、現状である。組織的に対応しようとすると、制度の未整備、文書保存体制の未整備、文書館の不存在が越えがたい壁となって立ちはだかる。理解者を増やし、学校資料は学校にとっても地域にとっても大切な歴史資料である、と多くの方に自らの言葉で語ってもらうことが必要である。

　閉校する学校での展示は、地域の方々から支持を得、展示作業を目にしていた教員のなかには、転任した学校の資料にも関心を持ち続け、情報を伝えてくれる方もいる。転任先で筆者と一緒に資料を捜索、発見し、喜びを分かち合った方もいる。最近では、閉校記念展だけでなく、学習発表会（かつての学芸会）にあわせて、展覧会の作成を依頼されることも増えた。筆者の調査をきっかけに、自ら日誌をめくり、全校的な地域学習の実践に取り組んだ教頭先生もいる。

　理解者を増やして現実的対応を積み重ねること、それが今、筆者が行っていることであり、続けていこうとしていることでもある。幸い、筆者の調査活動は宮城県内で周知されるようになり、始めた頃に比べるとはるかに受け入れられやすくなってきた。大学に籍がある限り、学校資料の調査・保全を続けていきたい。

註

（１）拙稿「地域史資料としての学校資料」（新潟大学災害・復興科学研究所危機管理・災害復興分野『災害・復興と資料』3、2014年）、拙稿「学校資料の

保存と活用」（全国大学史史料協議会『研究叢書』17、2016年）。

（2）「日誌」と一口に言っても、学校には複数の種類の「日誌」が存在する。現在でも、「学校日誌」以外に、少なくとも、「保健日誌」「給食日誌」の2種類の日誌が存在している。このほかにも種々の日誌が存在するが、本稿で扱うのは「学校日誌」である。

（3）拙稿「学校資料という史料」（『宮城の歴史地理教育』24・25、2018年）、同「学校資料と歴史学」（『歴史評論』822、2018年）など。

（4）気温記事は、日誌によっては記述欄に「正午気温（温度）」と印刷していることもあり、一般的に正午頃の記録と見てよかろう。

（5）一例を示す。「身体清潔奨励法トシテ、放課後直ニ入浴ヲ行フ、児童数約三〇名」（気：小原木、33・9・13）。

（6）今野日出晴『歴史学と歴史教育の構図』（東京大学出版会、2008年）。

（7）全国歴史資料保存利用機関連絡協議会（全史料協）・茨城県立歴史館共催「公文書館機能普及セミナー　in茨城（兼市町村公文書管理担当者研修会）」2017年10月26日。

学校史編纂と学校資料
──私立成田高等学校の事例──

深　田　富佐夫

1　成田高等学校の校史編纂の歩み

　筆者の勤務校である千葉県の私立成田高等学校は、2018(平成30)年10月7日に創立120周年を迎えた。これは、本校の前身である成田尋常中学校が1898(明治31)年のこの日に、千葉県知事より設立の認可が下りたことによる[1]。本校のもう一方のルーツである成田高等女学校は、1911(明治44)年2月13日に設立が認可されたが、第二次世界大戦後の学制改革により、これらが1948(昭和23)年4月に統合し、男女共学の高等学校となって現在に至っている。

1-1　100周年校史編纂まで

　本校の学校史は、1929(昭和4)年6月10日発行の『成田中学校沿革史』が最初で、B6判、79頁の小冊子である。これは創立30周年を記念して編集されたもので、内容は、(1)英漢義塾時代、(2)成田中学校時代、(3)附録(一、本校教育方針綱領　二、本校学習精神　三、成田中学校自治会規約)、(4)現職員、(5)旧職員、(6)成田英漢義塾卒業生人名、(7)成田中学校卒業生人名、という構成となっており、そのうち6頁が口絵の写真である。成田英漢義塾は成田中学校の前身で、1887(明治20)年10月3日に設立された。

　その後、新制高等学校となった1948(昭和23)年、創立五十周年式典が行われたのを機に学校史の編集が構想された。物資が不足していた時代であったために発刊は見送られたものの、川瀬信雄教頭(当時)が中心となって「成田高等学校史編集方針」を策定し、資料の収集に着手した。その編集方針は次の通りである[2]。

　一、学校設立の目的、創立の精神、経営の方針等を明かにし、多年に渡つ

172　第3章　学校資料で地域の歴史を語る

て培われた伝統を伝える

二、少なくとも後世のため教育史の参考資料を収録する

三、内容は

　　1　歴代校長をもつて時代を分ける

　　2　その時代の教育思想並びに教育内容

　　3　学校長の略歴および逸話

　　4　学校長の教育方針

　　5　施設行事概要職員組織および異色ある職員

　　6　生徒状況並びに校友会(クラブ)活動と異色ある生徒

　その後、1954(昭和29)年に校長となった川瀬は、創立60周年にあたる1958 (昭和33)年に記念事業として学校史の発刊を計画し、成田山霊光館主任(当時)で本校の講師でもあった大野政治に編集事業の一切を依頼した。こうして完成したのが『創立六十周年記念成田高等学校史』(以後『六十周年史』)であった。A6判、578頁の書籍で、基本的に先の編集方針を踏襲している。内容の充実した学校史としてはこれが最初のものである。しかしながら、終戦時に学校が兵舎となっていたため、主要な史料が散逸するなど、編集にあたって史料の収集に苦心していた[3]。

　これに続いて、1963(昭和38)年に『創立六十五周年並に校舎落成記念誌』が刊行された。これは、新校舎の落成を記念するとともに、先の『六十周年史』にその後5年間の学校行事やクラブ活動の状況などを追加するという意味があった。後に國學院大學の教授となる大谷貞夫教諭(当時)が編集の中心で、クラブ活動の記録について1枚の原稿すら出ない部もあったが、「またいずれこの種の校史編纂は企てられることがあろうし、学校図書館の中に校史係も設けられた今、図書館で部の記録も保管できるようになった。次回には是非クラブと名のつくクラブは全部、原稿を提出できるようにしていただきたい」と、学校史刊行が次第に校務のなかで定着しつつあった様子が窺える。その一方で「初めてクラスを持ち、地理、日本史と二十時間の授業の間を見ての編集であり、未経験の私とあって、力の至らない不備をおわびしなければならない」と、授業や校務と併行しての編集作業の苦悩の様子を述べている[4]。

続いて、1968（昭和43）年に『創立七十周年記念 成田高等学校史』が刊行された。A6判、388頁で、序文に次のような編集方針が示されている。

（前略）昭和四十三年十月七日は、本校創立七十周年にあたるので、記念事業として、女子校舎並びに女子体育館の建築も併せて、「創立七十周年校史」の編纂を計画したが、今回は写真を主とした、目で見る校史を編集する予定であった。ところがこのことを伝え聞いた大野政治先生から、「六十周年校史」の欠点というべき、終戦後の学制の改革から、二十年の本校の画期的な変遷は、あまり書かれていないので、戦後に重点をおいて書いておく必要はないか、というアドバイスを受けた。成程本校は、特にここ十数年の間に、例えば男子校舎にしても、昔を偲ぶ建物は、一、二を除いてほとんど姿を消してしまっているほどの変革ぶりであるので、新制高等学校になってからの資料をまとめておくことは大切なことであるところから、最初の予定を変更して、本校史を編集することになった。

新制高校発足後、旧中学校の校舎を男子部として、旧高等女学校の校舎を女子部としていたが、男子部の新校舎はすでに建設され、次は女子部の校舎改築が課題となっていた。そこで、70周年の記念事業として、同じ校地内に新校舎を建設し、そこに女子部の生徒を入れたのだった。

こうして、本校では10年ごとに「校史」を、間の5年ごとに「記念誌」を刊行するという流れが確立した。この後、『創立七十五周年記念誌』『創立八十周年記念校史』『創立八十五周年記念誌』『創立九十周年記念校史』『創立九十五周年記念誌』と続いた。このように発刊を重ねるにつれて、学校史の質も高まっていき、単なる学校の歩みから、中等教育史の有効な史料ともいえる刊行物になっていった。

1-2 『創立百周年記念史料集』

ここで、一つの転機となったのが『創立百周年記念史料集』（以後『史料集』）と『創立100周年記念写真集 成邸に時はめぐりて』（以後『写真集』）の刊行であった。これらは1998（平成10）年に刊行されたもので、『史料集』が本校の史料を永く後世に伝えることを目的にしていたのに対し、『写真集』

は見やすさを重視した内容になっている。

『史料集』の編集後記によれば、本校の旧校舎の図書館1階の「史料室」「校史資料室」には、学校日誌、職員の履歴書、学校新聞、校友会の雑誌などその時々の学校の様子を窺える優れた史料が揃っており、それらを次のような過程で史料集にしていった。

　　まず、史料の確認作業から入った。史料は時代別に段ボール箱に詰められているが、ほとんどが未整理で、どのようなものが出てくるか楽しみであった。結果は期待したとおりで、史料の内容に驚いて感激の大きな声を発することもしばしばであった。

　　次に史料の選定に移った。しかし、あれも載せたい、これも載せたいと考えているうちに、とても一冊には収まらないことに気が付いた。どうしようかと思案した挙げ句、新制高等学校となる以前の史料に重点を置き、時の流れがつかめるように学校日誌を中心にした構成を考えた。それに、成田中学校・成田高等女学校に在職した文学者に関する史料を加えた。それでも予定のページ数を超えるのは確実なので、できるだけ多くの学校日誌を載せたいという考えから、やむをえず抄出にすることにした。

　　史料の選定が終わって史料の筆写をはじめたが、墨が鮮やかな明治期の書類、使用済みの紙の裏を利用した戦時中の書類、今は懐かしい謄写版で刷った書類など内容以外にも時代を物語ってくれる。そのたびに筆者の手を休めて見入ってしまう。これが担当者の役得と言ったら叱られそうだが、印刷になったらそこまでは分からないものだから。

　　史料の筆写は記事の内容によって慎重に選びながらとなったが、それでも筆写枚数は予定数をやや超えてしまった。こうした作業の結果なので、超えた分については削除しないでそのまま掲載できるようにした。ただ、抄出のために載せられなかった記事の中にも参考となるものが多くあり、筆写を担当した者の判断で除外したことに自責の念にかられる日々である。いつの日か、抄出のない『史料集』が刊行されるのを願っている。

このように、史料群が未整理の状態で段ボール箱に詰められて、放ってお

かれたままになっているのは、多くの学校でもみられることではないだろうか。このような状態から『史料集』を完成させるまでの大変さが、この一文から読み取れる。この時の担当者は『創立八十五周年記念誌』以来編集の中心にあった鏑木行廣教諭（当時）であった。これらの編集作業を通じて、保管されている史料の概要を摑んでいたからこそ、そのなかから学校資料として有効なものを選び出すことができたのであり、そのなかで重要とされたのが「学校日誌」であった。『史料集』のなかでは、1896（明治29）年と1898（明治31）年の「成田英漢義塾日誌」が、1899（明治32）年から1927（昭和２）年まで（1925（大正14）年が欠）の「成田中学校日誌」が、1933（昭和８）年から1937（昭和12）年までの「成田高等女学校教務日誌」（1936（昭和11）年のみ「学校日誌」）と、1941（昭和16）年から1947（昭和22）年までの「成田高等女学校事務室日誌」が、それぞれ掲載されている。これにより、新制高校になる前の学校史の記載内容について、正確な確認ができるようになった。例えば、「校友会誌」などにある諸行事の記録について、日程などがあいまいに書かれている場合に、「学校日誌」で確認がしやすくなった。

　また、在職した文学者とは、鈴木三重吉・青木健作・中山義秀・中野好夫・唐木順三・木村荘太のことで、『史料集』には、履歴書や辞令、試験問題、学校新聞や校友会誌の記事などが掲載されている。

　以上のように、『史料集』は学校史の調査に欠かせないものとなっており、親しみやすい『写真集』と相まって、本校の学校史編纂の歩みの中で一つの画期となったといえよう。

　その後、『創立百五周年記念誌』が2004（平成16）年３月に刊行された。これまで５年ごとに書き残されてきた各校務分掌や校友会各部の記録が、100周年では残せなかったため、創立95周年を終えた次の年の1994（平成６）年から以降のことを記録する機会がなかった。そこで、この10年分の記録を残すことを主眼にこの記念誌が刊行された。そこで、次は2008（平成20）年の110周年に学校史を発刊するはずであったが、この頃に新校舎建築の話が持ち上がり、創立115周年記念事業として建設される新校舎のお披露目を兼ねて、それまで学校史の発刊は持ち越されることになった。

176 第3章 学校資料で地域の歴史を語る

2 近年の学校史編纂事業

2-1 編集方針

こうして、2013(平成25)年の創立記念日を目して『創立百十五周年記念校史』(以後『百十五周年校史』)を発刊するため、校史編纂委員会が立ち上げられようとしていた。ところがその矢先、長らく学校史編纂の中心であった鏑木教諭が定年を1年残して退職することとなったため、校史編纂委員長を筆者が引き継いだ。ちょうど学級担任として高校3年生を卒業させたばかりであったことから、学校側の配慮により担任業務から外れ、学校史編纂の作業に専念できるようになった。また、鏑木教諭はそれまで多くの自治体史の編纂に携わってきたという実績もあり、在職中から校史編纂委員長として学校から全面的に編纂作業を任されていた。そのことも幸いし、筆者は学校史の編纂をそのまま任せてもらえることとなった。

そこで、編集方針を次のように決定した[5]。

　(前略)そこで今回の校史は、『史料集』の刊行によって確認された新事実をこれまでの成果に織り交ぜながら、学校と社会の関わりを念頭において校史に取り上げる事実を選別した。戦前期についてはこれまであまり取り上げられてこなかった職員や卒業生に焦点を当てるよう心がけた。また、戦後期においては校地・校舎の変遷や学校活動の取り組みについて内容を充実させるとともに、小見出しをこまめにつけることで調べやすくするよう心がけた。さらに、百五周年以来の記録は記録性を重視して、校務分掌・校友会の活動だけでなく、教科の実践も加えて充実を図った。また、高校だけでなく、付属中学校・付属小学校の項目をはっきりと分けて、それぞれの取り組みの記録を充実させた。

ここで念頭に置いたのは、本校の関係者だけでなく、多くの人に広く読んでもらえる内容にしていきたい、ということであった。そのためには、社会の大きな出来事と学校の様子を織り交ぜることで、単に教育史だけでなく社会史の史料として取り上げてもらえるような内容にするべきであると考えた。そこで、日露戦争や第一次世界大戦、関東大震災、日中戦争や日米開戦など

の世相と学校の様子について叙述した。

　その時に非常に困ったのは、太平洋戦争が激しくなってからの勤労動員など、戦争と学校の関わりを示す史料がほとんどないことであった。本校は校舎を焼失してしまうような激しい空襲にさらされたことはなかったので、敗戦とともに焼却されたものであろう。これは当時、中央官庁をはじめ、あちらこちらで行われていたことで、一時の保身のために不都合な事実をなかったことにしてしまった結果、本校の歴史にもここだけ大きな穴がぽっかりと開いてしまっているのである。

　次に、学校敷地内の建物の変遷も丹念に記すよう心がけた。どこにどんな建物があったのか、意外とわからなくなってしまうもので、それを刊本の形で手軽に見られるようにしておくことは、校史の利用価値を高めることにもつながるであろう。

　さらに、『百十五周年校史』からの試みとして、教科ごとの取り組みについての一節を設けた。これについては、使用している教科書や副教材、小テストなどの取り組み、研究授業、人事など、後で必要になるであろう情報を書くように各教科担当者へ依頼した。

　編集方法でも大きな変化がみられた。これまでは字数と行数を整えた専用の原稿用紙を作り、それに手書きで書いてもらうか、ワープロで打ちだした原稿をそれに貼り付けるかして執筆分担者に提出してもらっていた。しかし、職員へ専用のパソコンが行き渡るようになり、それらがネットワークで結ばれるようになったことから、学校のサーバー内に設けた編纂委員会のフォルダーに字数と行数を定めた見本原稿を置き、これに原稿を打ちこんで関係部署の名前を付けて保存してもらうようにした。その結果、編集側の負担が格段に少なくなった上、作業のスピードがかなり上昇した。

　以上、『百十五周年校史』を編纂するにあたってのいくつかの試みについて紹介したが、一番に心がけたことは、これまで先人たちが積み重ねてきたことをしっかりと継承することであった。記録は、例えるならば定点観測が重要で、これまでの校史を熟読して書くべき内容をしっかりと固めて、事実を精選していく必要があると考えている。

　また、編集作業を通じて次のような課題もみえてきた[6]。

178 第3章 学校資料で地域の歴史を語る

（前略）今後の課題として、本校に残されている膨大な史料の整理が必要
である。まずは、一点ずつの内容を確認の上、題名を付けて一覧にして
いく「目録化」である。名前がなければただの古い紙きれでしかないが、
目録化することで有用な史料になるのである。次に「デジタル化」であ
る。現在、本校の「校友会誌」第一号は紙の劣化が進んでおり、このま
までは近い将来破損することであろう。その後の「校友会誌」や「成邱
タイムス」「成邱の光」は、近現代史の研究が進む今日において、当時
の学校と社会とのかかわりを残す貴重な史料となりつつある。本校の歴
史は千葉県の教育史の重要な要素の一つであり、これらの史料を次世代
に残していくための取り組みが早急に必要である。

「成邱タイムス」と「成邱の光」は、新制高校が発足する前の成田中学校
の学校新聞で、特に「成邱の光」は現在でも発行を続けている。これととも
に、旧中学校や旧高等女学校で発行された「校友会誌」は、学校で保管され
ているものについて把握ができているが、その他の史料となるとその大部分
が目録化できていない。

2-2 史料の目録化と成田英漢義塾

そこで、『百十五周年校史』を発刊してから、授業の空いた時間を使って
学校史料の目録化を始めようと決心した。その第一として、本校のラーニン
グセンター内の書庫に保管されている古書の目録化に着手した。ラーニング
センターとは、学校図書館と進路指導室および生徒の自習スペースを兼ねた
施設で、生徒の学びの総合スペースをコンセプトに、2012（平成24）年の新校
舎竣工とともに整備された。

ここの書庫には、成田英漢義塾以来の膨大な量の古書が大切に保管されて
いる。一部の古書にはラベルが貼られているので、以前に整理された形跡は
あるが、その全体像はわからないままであった。そこでこれらの古書を内容
別に分類するのではなく、所属する棚ごとに記録して作業時間の短縮を図っ
た。記録する項目は「書名」「形式」「出版年」「著者又は版元」を基本に、
特徴があれば「摘要」に記録した。そして、これらの成果を『創立百二十周
年記念誌』に載せることにした。

結果的に書庫内の古書をすべて目録化する前に時間切れとなり、今回は第一次調査報告となった。現時点で確認できた古書の総数は2,803点で、そのうち、和本が1,055点、洋本が1,330点、残りが教科書である。そして、そのなかに「成田英漢義塾」印のあるものが304点、「成田尋常中学校」印のあるものが261点でそのうち「成田英漢義塾」印のあるものが229点、「成田中学校」印のあるものが963点でそのうち「成田英漢義塾」印のあるものが5点、したがって現存する成田英漢義塾以来の古書は538点となる。一方、「成田山女学校[7]」印のあるものが10点、「成田高等女学校」印のあるものが271点でそのうち1点に「成田山女学校」印のあるものがある。

　この中には、『増訂史記評林[8]』『韓非子全書[9]』『後漢書[10]』『資治通鑑[11]』『訓蒙四書輯疏[12]』『戦国策正解[13]』などのような漢籍をはじめ、多様な書籍が確認できた。また、1904(明治37)年から翌年にかけて発行された博文館の『日露戦争写真画報』など、日露戦争の様子を逐次伝えるような刊行物なども興味深いところである。

　こうして「ラーニングセンター内古書目録」を掲載した『創立百二十周年記念誌』を2018(平成30)年10月に発刊したが、この編集作業を通じていくつかの新しい成果が得られた。

　まず、国の教育政策の中での成田英漢義塾の位置付けである。成田英漢義塾は「地方子弟ノ実業ニ就カント欲シ、又ハ官公立ノ高等学校ニ入ラント欲スル者ニ、須要ナル学科ヲ授クル[14]」ことを目的に設立された修業年限3カ年の私塾であった。

　私塾とは、1872(明治5)年に制定された「学制」第三十二章に「私宅ニアリテ中学ノ教科ヲ教ルモノ教師タルヘキ証書ヲ得ルモノハ中学私塾ト称スヘシ其免状ナキモノハ之ヲ家塾トス」とあり、正規の中学校に準ずるものであった。さらに、1886(明治19)年の「中学校令」第六条に「尋常中学校ハ各府県ニ於テ便宜之ヲ設置スルコトヲ得但其地方税ノ支弁又ハ補助ニ係ルモノハ各府県一箇所ニ限ルヘシ」とあるように、各府県に地方税で設置される1校以外に、事情によっては私費で尋常中学校を設置することが可能になった。

　しかし、この時点で尋常中学校を称することはなかった。当時、上級学校に進学するのに「学歴」が問われることはなく、試験によって授業に堪えら

れる学力があるとされれば入学が認められていた。例えば、大学予備門の試験科目は、1879(明治12)年の規則によると和漢学・英語学・算術で、その後も試験科目は細分化していくものの、基本的にこの3分野の知識が問われた。従って、制度上の中学校を卒業していなくても、上級の学校へ進学することが可能であった[15]。現に、よい教師がいない地方の中学校へ行くよりも、上京して共立学校のような有名な私塾で受験学力を身につけた方が手っ取り早いとして人気を集めた。

さらに、尋常中学校の学科には、フランス語やドイツ語を学ぶ第二外国語など、教員の確保が難しい上に、上級学校への受験に結びつかないものもあった[16]。この時点では、わざわざ尋常中学校にしなくても、それに準じた学科や施設を整備して、そのことをアピールすれば十分に生徒を集められたのである。

しかし、これでは正規の尋常中学校が弱っていくばかりであった。そのため、進学先の高等中学校がとり始めたのが、各設置区域内の尋常中学校との「聯絡」制度であった。これは、尋常中学校の卒業生を優先的に受け入れ、志願者が定員に満たない場合に広く募集し、入学試験を行おうとするものであった。これにより、東京の受験予備校群は軒並み生徒数が激減し、この苦境から抜け出すために尋常中学校への転換を図るものが出てきた[17]。成田英漢義塾も、1889(明治22)年までは順調に塾生数も増加していたが、その次の年から減少に転じたようである。

ところが、1893(明治26)年4月の新入生が33名まで増えた。これは、1891(明治24)年11月の「中学校令中改正ノ件[18]」によるところが大きいと考えられる。

　　第六条　尋常中学校ハ各府県ニ於テ一校ヲ設置スヘキモノトス但土地ノ
　　　　情況ニ依リ文部大臣ノ許可ヲ得テ数校ヲ設置シ又ハ本文ノ一校ヲ設置
　　　　セサルコトヲ得
　　(中略)
　　第九条　郡市町村ニ於テハ土地ノ情況ニ依リ須要ニシテ其区域内小学教
　　　　育ノ施設上妨ナキ場合ニアラサレハ尋常中学校ヲ設置スルコトヲ得ス
　これによれば、それまで各府県1校に限られていた尋常中学校の設置基準

学校史編纂と学校資料（深田）　181

が緩和され、土地の状況によっては数校の設置を認めるとともに、郡市町村
においては、区域内の小学校教育の施設上妨げとならない場合に限って尋常
中学校の設置が可能になった。

　さらに1894（明治27）年に第二外国語が廃止となったことで、尋常中学校に
移行するにあたってのハードルが下がったことも大きいと考えられる[19]。
そのことに反応してのことか、成田英漢義塾は1895（明治28）年3月に、明年
4月に中学校組織にするために準備を進めていることを明らかにした[20]。
結果的に成田尋常中学校として開校したのは1898（明治31）年であるが、国の
教育政策に応じながら上級の学校へつながる地域の教育機関として、その姿
を柔軟に変えていたことがわかってきた。

3 「校友会誌」にみる世相

　もう一つの新しい成果として、成田中学校と成田高等女学校の「校友会
誌」を通じて、その時々の世相をみてみたことであった。このような学校ご
とに発行された雑誌の史料的な重要性について、斉藤利彦は「日常的な学校
の教育活動や、生徒や教員たちの様々な言説、運動部や文化部の諸活動等の
様子が豊富に記録され掲載されている」ことから、「学校の日常性の次元で
学校文化の、具体的な表象として貴重な史料となりうる」とした。その上で、
「表紙や口絵、さらには種々の画像や挿絵、そして学校生活の写真等も、そ
れ自体学校文化の表象としての意味をもってくる」ことから、「学校文化の
諸相さらには深層を読み取っていくというアプローチが可能となる」ものと
指摘している[21]。

　「校友会誌」に載せられる記事は、生徒として、教師としての建て前が前
面に出ていることを前提に読み解いていくことはもちろん重要であるが、同
時にそこには同時代の一般的な言説が合わせ鏡のように映し出されていると
見ることもできるであろう。そのような視点から「校友会誌」を取り上げて
みた。

　成田中学校では、1904（明治37）年1月に『校友会雑誌』第1号が発行され
た。その後、『校友会報』と名前を変えながら発行されてきた。ところが、

本校において第２号から第26号が残されていない状況であった。ところが、成田山仏教図書館において第２号以下の『校友会雑誌』が確認でき、その間の生徒や教師の記事と世相との関係がより豊富に読み取れるようになった。その例をいくつか挙げてみたい。

3-1 日露戦争

　1904(明治37)年２月に日露戦争が始まった。同年６月に発行された成田中学校『校友会雑誌』第２号を見ると、これに関わる話題が多くなってくる。「提灯行列記事」という記事を見てみよう。

　　　殆ど同時に起つた仁川旅順港の日露の海戦何れも我皇軍の大勝利を伝ふるや日本国中は大勧喜万々歳の声を以てみたされたもうかうなつては誰も皆ぼんやりはをられない、いでや大勝利を祝せむと我が成田中学校にては紀元節の日を以て提灯行列を催した、集合はその日午後五時日は已に暮れて学校のプレーグラウンドニ蟻集したる数百の提灯やがて校門を練り出したるその光景歓声楽声相交へて恰がら雲霞の如く提灯の光は天地を照して明に戦場もかくやとばかり

　　　先ず不動尊に詣り万歳を叫びそれより新勝寺に降り更に門前通りに出ずれば数多の群衆は一斉に万歳を叫号して天地も轟くばかり提灯行列隊の行く所絶えず万歳の声が天地を轟してをる、空前の壮観この夜の光景到底筆紙に尽くすべきでないかくて成田山を練り歩いて帰校万々歳を以て解散したのは九時頃であつた大日本帝国万歳!!

　同年の２月９日の仁川沖海戦の勝利については、「成田中学校日誌」２月10日に「本日海軍開戦勝利ニ快報新聞ニ出ズ、之レ我軍第一戦ノ丁ナラン」と記載されている(22)。また、提灯行列については、翌日の日誌に「本日紀元節祝賀式を九時三拾分ヨリ執行シ、粟根校長事務取扱より祝詞に交ふるに、日露之海戦ニ対帝国の勝利の祝詞をなす」、「本校ハ勝利ヲ祝スル為メ午後六時ヨリ提灯行列ヲナス」とあり、町中をあげての熱狂ぶりが伝わってくる。この頃の成田中学校の蔵書にも、日露戦争の戦況を伝えるグラフ誌が多く見られるなど、戦争に対して国民的な関心が高かったことを示している。

　翌年９月５日にポーツマス条約が結ばれ、日露戦争が終結した。成田中学

校『校友会雑誌』第4号(1906(明治39)年10月)に掲載されている4年生の「新年の決心」という一文を見てみよう。

　　　見よや、亜細亜大陸の絶東なる満州に於て百万の貔貅対陣して、悲惨なる血の雨を降らしたるを、此れ実に世界有史以来、未曾有の大会戦たる日露戦争にして、世界列強は皆視線を霜雪寒き満州の曠原に注集せられたり、かくて露国は欧大陸に雄視し、否世界の恐懼したりし露西亜を見事に打ち破り、「クリミヤ」戦争以来、意を欧州に得ず二百年東洋の侵蝕に意を用ひし露西亜の宿望を断ちて、清韓を塗炭の中より救出して、東洋の平和を固めたるは、大陸の東端なる海中に屹立せる大日本帝国なり、(読点 引用者)

「貔貅」は勇猛な将士を、「曠原」は広原を意味している。1853〜56年のクリミア戦争に敗れたロシアは、ヨーロッパ方面での南下政策を断念し、東アジアへ侵略の手を伸ばそうとしたが、日本がその野望を打ち砕き、清と韓国をロシアの脅威から救い出した、との認識をこの筆者は持っていたことがわかる。ヨーロッパの強国を打ち破ったという自信が、国民の間に広がっていたということがいえよう。

3-2 関東大震災

　1923(大正12)年9月1日、関東大震災が発生した。この地震について、成田高等女学校『校友会誌』第9号(1925(大正14)年5月)にある4年生の記事を見ていく。

　　　永の休みも終つてなつかしい学び舎におとづれた私達は式のすんだ後二三のお友達と尽きない休暇中の物語に熱中してゐる最中打ち震ふ大地ものすごい響…美しいローマンスも戦と化し故郷の病床の母君の事など極度の不安におそはれながら帰宅すれば、平和であつた利根の里も恐れ怖く人々の為に何となく騒がしかつた。小傷を負ふた父は情ある近所の人々と共に母を安全な場所にうつした所であつた。私達は竹藪などに蚊帳を吊つて度々の余震をしのいでゐた。そうして不安の一夜は過ぎたけれども輝かしい陽の光すら紅蓮の焔の為にぼんやりとして物凄く西の空は秒一秒と紅空に拡がつて行くばかりである。本所深川は全滅だ朝鮮人

184　第3章　学校資料で地域の歴史を語る

の襲来だなど、不安な知らせは異郷の人々をおどろかすばかりである。実際を知る事の出来ない私達は告げ渡る人々の噂によつて一途に我が同胞の無事を祈るのみ、（中略）九死に一生を得た人々は皆なつかしの故郷へ、知人の家へと逃れ行くのであつた。各駅で与へらるゝ食料に対しては如何に喜ばしい嬉しい感にうたれた事であらう。我達も二三の先生に連れられ救護班の一部となつて出来得る限りの心づくしをした。雲霞の様に逃れ来る人々、火傷か、打傷か見るも哀れな姿をした人ばかりである。（後略）

　この記事は、成田での地震の様子について、生々しく伝えてくれている。夏休みが終わり、始業式の日というのは、久しぶりに友だちと再会することもあって生徒たちにとっても気分が盛り上がっている時である。まさにその時に地震が襲った。この筆者が帰宅すると家族は竹藪へ避難し、蚊帳をつって一晩過ごしたようである。関東大震災では、混乱の中、流言飛語を原因とする朝鮮人の虐殺事件が各地で発生したが、根拠のない流言がこの筆者の住んでいる地域にも及んでいたことがわかる。また、震災後に親戚や知人を頼って避難する人々を乗せた列車が成田駅に停車した時に、生徒たちによる食料の供給や救護のボランティア活動が行われていた様子が見て取れる。

3-3 日中戦争

　1937（昭和12）年7月の盧溝橋事件をきっかけに、日中戦争が始まった。1935（昭和10）年以来、東軍は中国の華北を蔣介石の国民政府の統治から切り離そうとする工作を進めていて、日中両政府は互いに不信感を募らせていた中で起きたのである。日本政府は国際社会に対して、「約束を守らない中国を懲らしめるための行動（暴支膺懲）」であると説明していたが、中国側の徹底抗戦により泥沼の長期戦となっていた。当時の中学生がこれをどう受け止めていたか、成田中学校『第三十八回卒業記念号』（1939（昭和14）年3月）の5年生の一文を見ていきたい。

　　暴支膺懲の駒を進めしよりこゝに一年有半、日章旗は映えて攻略戦は進展また進展、北支に山西に、また上海、南京、徐州、九江、武漢と血の聖戦は別る処に凄い戦果を挙げて、大陸枢要の各地は悉く我に帰した。

然しローマは一日にして成らず、新支那異常なる飛躍的進展を遂げつゝ
あるとはいへ、其全貌を構築するが為には、今まさに産みの陣痛を続け
てゐる。蒙疆聯合委員会、臨時政府、維新政府等々各地に次々に親日防
共政府が雄々しく生声を挙げてゐる。が然しこれ等諸政府を統合する全
体的政府は未だ成立の運びに至らない。蒋政権が名実共に眇たる一地方
政権となり果てたにせよ、彼の生命の続く限り全支那の治安は素より、
新政府も亦絶えず妨害を蒙ることを覚悟しなくてはならない。共産党及
びコミンテルンの魔手が到るところに、より陰険に暗躍するであらうこ
とも、当然予期されることである。

　文中の「蒙疆聯合委員会」「臨時政府」「維新政府」は日本軍が各地に建て
た現地住民の自治を装った傀儡政権で、1940（昭和15）年には汪兆銘を首班と
する親日の南京国民政府に統合されることになる。中国に対する強い敵意は、
当時の報道と教育によって醸し出されたものである。

　では、なぜ国民は日本軍の行動を支持していたのだろうか。そのことがわ
かるのが同じ号の「展望塔」（編集後記）である。

　　　三月三日、此の佳節に五十有五名の若人が恙なく業を卒へて学窓を出
　る。御両親の御喜びも御察出来る。数年来就職の門戸は固く閉ざされて、
　卒業生の就職は百方手を尽しても、なか〳〵容易な事ではなかった。し
　かし今年からは国威の伸張発展と、満州及び支那各地に於ける産業資源
　の開発とが相俟つて、各方面に大量の人員を必要とする結果、満州国森
　林官吏、満鉄、王子製紙等各会社官庁等あらゆる方面からの申込みが殺
　到して、卒業生は其の取捨選択に迷ふといふ幸運な状態である。過去を
　顧みて、全く隔世の感がある。（後略）

これまで不景気のために卒業生の就職先を見つけるのは一苦労であったの
が、満州国の建国と日中戦争によって一転して好景気になり、むしろ就職先
の方から求人が来るようになった、というのである。

　以上のように、それぞれの時代の空気感のようなものを「校友会誌」で読
み取ってみると、歴史像がより生き生きとしたものになってくるであろう。

おわりに

　以上、本校の学校史編纂のこれまでの取り組みについて述べてきた。最後に、これからの課題について考えてみたい。

　まず、いまだ大半が未整理の状態の史料群の目録作成である。とりあえず、その第一歩として「古書目録」を作成してみたが、日常の職務の合間を縫っての作業であったことから、完成には至っていない。この作業を完了させることはもちろんのこと、今後も古書を永く保存していくための方策を検討していかなければならない。

　さらに、資料室に保管されている文書の目録の作成に手をつけなければならない。文書の状態も確認しながら分類し、1点ずつ丁寧に記録していくようにしていきたい。本校は、「校史資料室」を2部屋確保している。1つは扁額などを保管した部屋である。この扁額には犬養毅や杉浦重剛の手によるものがある。もう1部屋は、日誌・履歴書・雑誌・発行文書などを保管している。どちらも湿度管理を徹底しているが、その全貌はまだ把握できていない。なかには、紙の質が悪いために、傷みが進んでいるものもあるので、それらをデジタルデータ化しておかなければならない。作業の時間を見つけながら、少しずつでも進めていきたいと考えている。

　最後に、学校史編纂事業の重要性について、学校内外の理解を得られるような取り組みが必要であろう。そのために、問い合わせがあれば、できるだけ迅速に応じられるよう、普段から史料に目を通しておくことを心がけている。また、学校ホームページ上に「成高ヒストリー」と題したコーナーを設け、学校史に親しんでもらえるような取り組みも行っている。

　近年はICT（Information and Communication Technology＝情報通信技術）教育の導入が進みつつある。これにより、授業のあり方も大きく変わってくるであろうし、この数十年で学校の役割、特に後期中等教育のあり方が大きく変貌していくかもしれない。そう考えると、いわゆる伝統校だけでなく、新設校においても現在の学校の様子をきちんと後世に伝えていこうとする意識が必要ではないだろうか。その点で、今後さらに本校の学校史編纂の

学校史編纂と学校資料（深田）　187

取り組みを活発にしていきたい。

　　註

（１）　1899(明治32)年の中学校令改正により「成田中学校」に改称した。

（２）　成田高等学校『創立六十周年記念成田高等学校史』(1958年) 5 ～ 6 頁。

（３）　註(2)前掲書「編集後記」。

（４）　成田高等学校『創立六十五周年並に校舎落成記念誌』(1963)「編集後記」。

（５）　成田高等学校『創立百十五周年記念校史』(2013年)「編集後記」。

（６）　註(5)に同じ。

（７）　成田山女学校は成田高等女学校の前身で、1908(明治41)年 3 月に設立が認
　　　可された。

（８）　『増訂史記評林』全50巻(巻32欠本)、修来館蔵版、1869(明治 2)年。「成田
　　　中学校」印あり。

（９）　『韓非子全書』全10巻、大阪書林、1795(寛政 7)年。「成田中学校図書」印
　　　あり。

（10）　『後漢書』全60巻(第 8 欠本)、皇都書林、1846(弘化 3)年。「成田英漢義
　　　塾」印、「成田尋常中学校」印、「学習院」印あり。

（11）　『資治通鑑』全30巻、鳳文館、1884(明治17)年。「成田英漢義塾」印、「成
　　　田尋常中学校」印あり。

（12）　『訓蒙四書輯疏』全30巻(第 2 欠本)、京阪四書堂、1871(明治4)年。「成田
　　　英漢義塾」印、「成田尋常中学校」印あり。

（13）　横田惟孝『戦国策正解』、全 8 巻、和泉屋庄次郎、1829(文政12)年。「成田
　　　中学校」印あり。

（14）　「成田英漢義塾規則」第一条『創立百周年記念史料集』〔九〕。

（15）　天野郁夫『試験の社会史』(平凡社、2007年)154、257頁。

（16）　明治19(1886)年文部省令第14号。

（17）　天野註(15)前掲書、260～262頁。

（18）　明治24(1891)年勅令243号。

（19）　明治27(1894)年 3 月 1 日、文部省令第 7 号。

（20）　『成田志林』第 5 号(成田英漢義塾発行、1895(明治28)年)。

（21）　斉藤利彦編『学校文化の史的探究　中等諸学校の「校友会雑誌」を手がか
　　　りとして』(東京大学出版会、2015年) 7 頁。

（22）　『創立百周年記念史料集』〔二二〕。

台湾に残る日本統治時代の学校資料
――現代日本の地歴科教員が戦前台湾の国史科教員の足跡を追う――

神 田 基 成

はじめに

　本稿は、台湾に現存する学校教育に関係する諸資料について論じたものである。台湾は50年にわたる日本の植民地支配を経験し、日本の撤収後は教育制度が改編されたこともあって、その教育史を語る際には、統治主体の別による時代区分を適用することが多い。しかしながら、仮に時代区分についてはそれが妥当だとしても、人々の意識は簡単に区切れるものではない。それは日本の我々についてもいえることであろう。

　日本統治時代の文書群がどのように残され、地域の歴史や人々の生活に位置づけられているのか。極めて個人的なフィールドの話題ではあるが、研究の過程でさまざまな史資料・人・教育機関と接点をもった。かつて日本が統治していた場所であることも手伝ってか、現代の日本人にとって、多方面で関心の高い台湾の状況を紹介することで、今後の学校資料のあり方を考える一助になれば幸いである。なお、戦前史資料の旧字体表記および台湾で使用される繁体字の漢字表記は、可能な限り常用漢字に改めた。

1　台湾における日本統治時代の教育史料

　2003(平成15)年、日本統治時代台湾の歴史教育の展開をテーマとして研究していた筆者は、修士論文執筆にあたり、台湾現地での史資料収集を試みた。日本国内の手近なところには旧外地の教科書が揃っておらず、何より日本が統治した台湾という土地を実際に見て、感じたかったからである。現地では、台湾大学・台湾師範大学・台北師範学院(当時。現在の台北教育大学)の各図書館をはじめ、国立中央図書館台湾分館(当時)などに世話になり、収集した

190　第3章　学校資料で地域の歴史を語る

公学校用歴史教科書の内容分析を試みた。

　このとき、すでに教育雑誌・授業研究報告や教授法についての参考書の存在を確認していたのであるが、筆者の関心は、もっぱら50年の統治期間に編纂された歴史教科書の記述内容がどのように変遷し、教員が何を教えていたのかということにあったため、教科書のみの分析に終わり、論文執筆の際にふれなかった史料も多数あった。そうした史料の中には、2007（平成19）年に龍渓書舎から刊行が始まった『日本植民地教育政策史料集成・台湾編』に収録されたものもある。

　ところで、公学校とは、日本語を国語としない台湾人子弟（当時は漢族系台湾人を「本島人」、山地原住民を「蕃人」などと呼んでいた）が通う初等教育機関である。台湾総督府の意向で新規に設置されたもののほか、総督府の教育行政に則ったり地域の住民の要請にもとづいたりして、清代から存在していた科挙対策の私塾である書房を改組して公学校としたものなどが存在した。

　戦後、国民党による統治が始まったことで、教科書を含む日本語文献は廃棄されたり隠されたりしたものもあったが、歴代の歴史教科書や多くの日本語による著作は公的機関などで現物が大切に保管されたり、マイクロフィルム化されて研究に供されてきたのである。

　現在、台湾総督府が作成した公的文書の多くはデジタルアーカイブとして公開されており、インターネットを使えば世界中どこからでも中央研究院のサイトで検索・閲覧できるようになっている。しかしながら、各学校単位で刊行されたものなどは、まだまだ地域に残っていると考えられた。

2　日本統治時代台湾の公学校教員と学校生活の調査の開始

　2005（平成17）年に神奈川県の私立中学校・高等学校に就職した後、筆者の興味・関心は歴史教科書よりは、むしろ教育現場そのものへと移った。高校生に世界史という外国の歴史を教えることの意義を模索し、生徒との距離感や教材研究に試行錯誤しながらの日々は、日本統治時代の台湾で国史を教授していた教員と重なった。台湾に渡った内地人教員、あるいは台湾生まれで

はあるが日本人の教員が勤務した公学校の状況、そして授業、児童との関係性はどのようなものだったのか、という疑問が湧いて出てきたのである。

そんな折、調査の契機となった文献が、大学院時代に収集していた著作群だった。香山公学校の訓導であった佐々木四郎による『公学校国史教科書取扱の研究』（香山公学校国史研究部、1940(昭和15)年）と、新竹州編の『教育研究会彙報(一)』（新竹州教育課、1922(大正11)年）、そして萩本満重らによる『公学校国史教材困難点の研究』（高雄第一公学校、1934(昭和9)年）であった。

これらの史料を読み進めることと並行して、これまで日本語話者20人ほどを対象に、公学校での思い出などについて質問紙によるアンケート調査や面会による聞き取りを実施してきた。聞き取りに応じてくれた多くの方が80歳代も後半に入った方ばかりだったが、公学校時代の成績簿や卒業証書・賞状などを大切に保管しており、その実物を貸してくれる方までいた。日本統治時代の話は、衣食住に加えて、学校生活や友人関係、遊びなど多岐にわたり、当時の児童の生活文化を知るための貴重な口述歴史の史料として参考にしている。

3　地域の歴史を解きほぐす学校資料
　―香山(シャンシャン)国民小学に残る『学事年報』―

学校資料と呼んでいるものには、さまざまな性質のものがあると思うが、筆者がこれまで接点をもったものの多くが、頒布した範囲の差はあるものの、一般に刊行されたものであった。しかし、学校資料のなかには学校という場から移動しにくい性質をもつものもあ

写真1　香山国民小学

る。現地に行かなければわからないことがあることは、大学院時代に経験していた。

筆者は、前述した『公学校国史教科書取扱の研究』の著者である佐々木四郎に対象を絞って調査することにした。彼が教員として働いた学校はどのようなところなのか、そして彼はどのような感覚で台湾人児童に向き合ったのか。そのような関心が強くなり、ついに筆者は、かつて香山公学校と呼ばれていた台湾の小学校に向かうことにした。現在は香山国民小学（以下、香山国小）という小学校は、台湾島の北部、台北から台湾鉄路で１時間ほどのところにある新竹市に所在している。学校は台湾鉄路の新竹駅と香山駅との中間付近に位置しており、周辺は郊外の閑静な住宅街といったところである。

現在の校舎はビルと呼んでも良いほど立派なつくりをしている（写真１）。まず校舎の中央エントランスを入ると１階はロビーで、そこには学校沿革の展示パネルがある。これは、許可を得て校内に入ることができれば誰でも閲覧が可能で、書房に始まるこの学校の歴史が記載されている。特に、当地の名望家（郷紳）である陳家出身で、日本統治時代に師範学校を出て、戦前戦後と香山国小で教員として勤めたうえ、校長にまでなった陳泮輝[1]に関する展示が多くを占めている。

校舎２階に上がると「校史室」の表示がある展示室がある（写真２）。通常は施錠されているが、ガラス張りで廊下から中の様子が窺える。ときおり教員が児童との面談で使用することもある。また廊下に面してガラスケースがあり、卒業生名簿・卒業証書が展示され、児童がいつでも廊下からその存在を確認することができ、学校の成り立ちに興味をもてるようになっているとのことであった。ただし、これらの資料は、ページが開かれた状態になっていて氏名がわかる状態だが、ケース内

写真２　校史室入口

にあるためページを繰ることはできない。

　事前に校長の許可を取って訪問した際は、「校史室」内に設置されている施錠保管庫から『学事年報』を取り出して閲覧することができた。湿度管理のされた施錠可能な保管庫で管理しており、現状は部外者でも目的を伝えれば閲覧可能ということだった。

　ここで史料の内容を具体的にみてみたい。例えば、『学事年報（昭和十二年度）』は校長名で作成され、新竹郡守に報告された。ここから地域・学校の教育状況などを読み取ることができる。報告事項は、学齢児童総数の推移を記した「一　学齢児童」、学校設備や学級編成・転学退学状況などを記した「二　公学校」、校内の清掃状況や児童の健康状況に疾病の罹患状況を記した「三　学校衛生ニ関スル状況」、男女青少年団体の状況を記した「四　青少年団体」、体育奨励に関する施設の状況を記した「五　体育奨励」、学事に関する議事の概況を記した「六　州市街庄協議会」、花壇やマンゴーなどの作付け状況を記した「七　学校園及学林」、学校側が将来設置を望んでいる各種設備が記された「八　将来学事施設並須要事項」、学校の歳出予算が記された「九　学事経済ノ状況」など多岐にわたる。これらを読むと、児童たちがドッヂボールに親しんでいたことや、1937（昭和12）年度の時点でも奉安殿が設置されておらず、御真影の奉戴がなされていなかったことがわかる（写真3）。

　そして『学事年報』の綴りを確認してみると、痕跡を追っていた佐々木四郎の名前は、1938（昭和13）年度と1939（昭和14）年度に登場する。どちらにも訓導として佐々木四郎の氏名が記載されており、1938年度はこの学校での勤務1年目であることと、その俸給の等級が、そして1939年度は勤務

写真3　『学事年報（昭和12年）』

194　第3章　学校資料で地域の歴史を語る

２年目としての給与額が記載されている。公学校教職員などの異動は、各年度の台湾総督府職員録を参照することで明らかとなる。現在これは、台湾の中央研究院台湾史研究所のサイト内にある台湾総督府職員録系統(2)で検索できるようになっている。それによると、佐々木四郎は1932(昭和７)年から1935(昭和10)年まで新竹州富士公学校、1936(昭和11)年は新竹州新埔公学校、1937(昭和12)年から新竹州香山公学校、1940(昭和15)年から1944(昭和19)年にかけては新竹師範学校附属公学校(3)に勤務していたことが確認できる。

　また、各年度の『学事年報』を比較すると、学校が抱えるその年度ごとの課題や、生徒や家庭の状況、所属教員の異動や俸給額にとどまらず、国家の歴史が学校のなかにどのように入り込んだかということまでわかるようになっている。例えば、1939(昭和14)年度の報告事項には、「九　特殊教育施設ノ状況」が挿入され、「全校訓練ニヨル訓育ノ徹底」や「時局講話ニヨル時局認識ノ徹底」という文言があらわれる。これは日中戦争勃発による時代の変化が盛り込まれているものと解釈できる。

　それでは、日本統治時代のこうした資料はどの程度深く活用されているのだろうか。残念ながら、『学事年報』の記載にまで踏み込んだ利活用はなされていないようである。しかし、2010(平成22)年に創立100周年を迎えた香山国小は、日本統治時代から起算して100年であることを深く認識している。その証拠に、装丁も豪華な100周年記念誌『香山一百活力精采』で、日本統治時代の学校の様子がわかる写真を多数掲載している。例えば、日本統治時代の校徽・校旗・校歌、歴代校長名、教職員集合写真、卒業生集合写真までも載録し、その延長線上に現在の学校教育活動を位置づけている。

　以上のように、現在の香山国小が大切に保管している史資料から当時の学校生活の一端を知ることができるほか、それらは現在の学校アイデンティティの一部として大切にされている。

4　卒業生の記憶と郷土の偉人に関する学校資料
―口述歴史と「学籍簿」―

　筆者は2017(平成29)年12月と2018(平成30)年６月に、再び香山国小を訪問

する機会を得た。事前に鄧瑞源校長(2018年現在)に連絡をとり、佐々木四郎(以下、佐々木訓導)という人物の足跡を調べていることなど、史資料の閲覧希望とその目的を伝えておいた。すると日本出発の直前、校長から連絡が入り、なんと筆者が調べている佐々木訓導を直接知っている方が見つかったという。面会を楽しみに台湾に飛んだ。

まず、2017(平成29)年12月の訪問では、1階のエントランスに筆者および卒業生の来訪を知らせる掲示板が設置されてあり、歓迎ムードが伝わってきた。通訳を交えた打ち合わせの後、卒業生たちが校長室に案内されてきた。みな一様に笑顔である。

よほど関心が大きいのか、現在のPTA幹部と学区がある地区選出の市議会議員に加えて、地元メディアの取材(4)も入るなか、面会が始まり、筆者が香山国小を調べることになった経緯などを説明した。100周年記念誌の日本統治時代の写真などを参照しながら、当時の学校行事や先生との思い出について語ってもらった。しかし、佐々木訓導個人の情報ということになると、「優しくも厳しい先生」という印象くらいしか聞くことができなかった。ましてや歴史の授業で具体的に学んだ内容などは、ほとんど出てこなかったのである。ここに口述歴史の限界がある。

人間は、経験したことのすべてを記憶し伝えることなどできない。そして語ることができた経験も主観にもとづいたものである。それでも口述歴史を記録することは重要だと筆者は考えている。学校資料に記載されることはないが、児童の記憶に残った何かが語られるのである。

今回、母校訪問を果たした卒業生たちのなかに、学校の裏手に居住している姚炳煌(よう・へいこう)氏がいた。彼は、戦後もずっと地元で米穀店を経営しており、その店舗はご子息が引き継いでいた。新竹の中心部からは外れており、日本統治時代の初等教育以来、戦後は日本語を使う頻度も減ってしまった。そのため、日本語はたどたどしかったが、一生懸命に佐々木訓導との思い出を筆者に伝えようとしてくれた。彼の佐々木訓導についての記憶は、自分のことを呼ぶ際に語呂が良かったのか、氏名すべてを呼んだということだった。「よう・へいこう、よう・へいこう」と。親しみを込めてそう呼んだ担任の佐々木訓導のことを今でも覚えているのだった。

写真4　学籍簿保管庫

写真5　佐々木訓導による学籍簿

　口述歴史が注目されて久しい。筆者自身もそう認識しているからこそ、インタビューをするために台湾に向かうのである。しかし、人間の記憶には限界があり、事実誤認・勘違いなどが頻繁に起こりうる。インタビューをしている最中にも、生年が元号でははっきりしないことがよくある。そうした事態に備えて、生年であれば干支も一緒に聞いて、情報を補完するというコツもある。そして、口述される内容は、語る人物の主観や特異な個人的体験が含まれていることを忘れてはならない。これらのことを踏まえたうえで、史資料を補う情報として扱うならば、地域の歴史が感情豊かに再現されることだろう。

　次に、2018(平成30)年6月の訪問では、新竹市にある玄奘大学で、台湾人学生に対して「日本の今と筆者が研究する新竹の過去」をテーマに授業する機会を得て、地域に眠る史料をその存在すらほとんど知らない若者たちに、地域の魅力として紹介することができた。また、その合間の時間に香山国小への再訪が叶い、保管されている学籍簿を閲覧(写真4)、その様式や、第5学年の担任をしていた佐々木訓導による児童評価の記述などを記録した。学籍簿の備考欄には、佐々木訓導の肉筆で「操行善良　学業佳良ニツキ賞ヲウク」などとある(写真5)。ようやく佐々木訓導の教員としての仕事の一端に

触れることができた瞬間だった。

　また、このとき注目に値する史料を目にすることとなった。戦前の台湾出身で著名な女性画家として知られた陳進[5] (1907～98)の学籍簿である。陳進は、香山国小の前身である香山公学校の卒業生であるだけでなく、この地の郷紳で香山公学校の設立者の一人でもあった陳雲如[6] (1875～1963)の3番目の娘であった。彼女は、1934 (昭和9)年の第15回帝展に台湾女性として初入選[7]、その後も帝展・文展で入選した。第二次世界大戦後は、家庭生活を主題とした作品を描き続けた。そして1998年に台北で没するまで、台湾史上最高の女性画家として活躍した。現在、香山国小の校舎1階のホールには、陳進の手になる1点の絵画が、彼女を評した「香山之光」という文字とともに展示されている。

　その陳進の学籍簿には、疑問点がある。というのも、学籍簿には保護者氏名欄とともに、「寄留地」「本居地」、そして保護者との続柄を記入する欄が設けてあるのだが、保護者欄には父親の「陳雲如」ではなく「陳水性」という名前が、続柄には「姪」と記入されているのである。筆者がこれまであたってきた文献等による理解は、「陳雲如の娘の陳進」だった。一方、保護者氏名欄に「陳雲如」と記載されている児童がいる。この女性の続柄は「四女」となっている。この女性は陳進の妹であろう。しかし、陳進の続柄がなぜ陳水性の「姪」で、陳雲如の三女と記載されなかったのか、現在のところはっきりしていない。この地域は、陳一族が郷紳として活躍していた場所である。何らかの理由で保護者氏名欄の記載事項が重複することがないように配慮があったのかもしれない。

　以上のように、学籍簿は通常学校の外に出ることはないが、それがもつ情報には地域の歴史を理解するうえで有益なものもある。一族の家族構成や職業、そして児童本人に対する人物評価・賞罰などである。これらは極めて高度な個人情報であるため、取り扱いについては十分な注意が必要である。したがって、今回閲覧した陳進に関しては、家族構成など一般に知られている項目についてのみ述べるにとどめた。しかし、仮に遺族など関係者の許諾が得られたり、広く合意されたルールが策定されたならば、公開されることがあっても良いと考える。

おわりに

　学校資料はなぜ残るのだろうか。なぜ残すのだろうか。また、何を残しているのだろうか。そして、学校資料の普遍的価値とは何であろうか。筆者がふれた諸史資料は、地域のアイデンティティの形成に関わるもの、近代化の過程を証明するもの、郷土における教育の連続性を示すものであったように思う。地域にとって不可欠な学校という機関は、戦災・天災によって破壊されることはあったが、多くが名前を変えたものの場所を変えずに残った。なかには名前もほとんど変わっていないものもある。そこには、地域の人々の生きた証が残されている。

　学校資料には、統計資料とはまた異なる、人々の顔まで見えてきそうな感情豊かな記録が含まれている。筆者自身が追体験したように、戦前の書籍の著者にすぎなかった佐々木四郎は、多くの人々から得た情報によって、尊敬すべき佐々木訓導へと変化した。そのように考えると、地域にとって学校資料は何ものにも代えがたい宝であるといえよう。それは、地域が誇る芸術家の学籍簿を一緒に発見したときの校長の輝いた瞳が如実に物語っている。

　佐々木訓導の足跡はまだまだ不明な点が多く、異動先の学校への調査もこれからである。また、陳進という著名人の記録も登場してしまった。筆者の調査は今後も続く。しかし、これまでの調査から、公学校やそこで働いた教員が置かれた状況の一端を知ることができた。

　一方、学校資料の保存ということになると、いくつかの課題が浮き彫りとなる。保存するべき公的機関には設備やスペースに限界がある場合が多い。しかし、民間の施設や機関を活用し両者をつなぐネットワークを構築すれば、デジタルアーカイブとして万人が利用できるようになり、ICTの活用で教育現場でも活かすことができよう。もちろん、台湾においては中央研究院のようにすでに公開している機関もある。しかし、各学校単位で残されているものまで網羅しているとはいえないのが現状だ。そして、今後はデジタルかアナログかを問わず、このような学校資料を保存していくからには、それらを活用した授業実践も期待されるだろう。また、過去のものとはいえ、現代の

基準に照らせば、個人情報に類する情報も多いため、どの情報までを公開対象とするかは議論の余地がある。

　繰り返すが、過去に生きた人々の歴史を語るものが公文書だけでないのはいうまでもない。学校に残る多様な資料も地域の歴史を復元してくれるものであり、これらの保存は不可欠である。学校教育に関わって、多くの著作や文書が残されてきた。そしてそれはこれからも残されてゆくだろう。後世の人間が、もし地域の歴史を知りたいと願ったとき、学校という場や学校関係者によって作成されるものは、学校資料として知的探究心を満たしてくれるはずである。しかし学校資料の価値は、それだけではないだろう。台湾に残されている学校資料が答えの一つを示してくれているように思う。

　台湾は日本統治時代に近代化が進んだといわれることがあるが、事実そうした表現には賛否がある。一方、そうした文脈において、台湾の現地住民の声が置き去りにされていると感じることも多い。彼らはもろもろの政治信条からは、ある程度の距離を置いて、冷静に自らの地域の歴史をとらえようとしている。日本統治に関して肯定的な発言は批判されることがあるが、少なくとも、学校資料を大切にする限りは咎められることはない雰囲気がある。なぜなら、残された学校資料には地域に生きた人々の名前が記されているからだ。墓石ではない場所に、親しんだ人々の名前が、父母・祖父母たちの名前が残されているのである。それは子どもたちに見せたいものであり、遠く日本からやってきた若造にも自慢したい「生きた証」なのである。

　香山国小の学校資料がもつ価値は、学校に関わる保護者そして教職員が児童に託した未来への希望であり、台湾各地に残る学校資料は苦難に満ちた近現代を生きてきた台湾人が未来に託した希望であろう。

　転じて我々が扱いうる日本の学校資料は、ともすれば軽んじられがちであるが、個人情報の取り扱いに厳しくなった今こそ、史料としての利活用を前提とした保存と公開のルールを定め、活用してゆくべきものなのである。

　最後に、関係諸機関、尊老諸氏、そしてご尽力いただいた香山国小の鄧瑞源校長、通訳を引き受けてくださった玄奘大学の黄瑞宜助教授に対し、この場を借りて厚く御礼申し上げたい。

註

（1）学籍簿においては、陳泮輝と記載されている。

（2）中央研究院台湾史研究所ホームページ。台湾総督府職員録系統（http://who.ith.sinica.edu.tw/mpView.action）。

（3）前掲の職員録において、昭和16・17年版では新竹師範学校附属国民学校、昭和19年版では台中師範学校第二国民学校となっているが、改称されただけで勤務地は同一である。なお、昭和18年版は欠落しているためか、検索結果に表示されない。

（4）現地メディアの「自由時報」（新聞およびインターネット）と新竹メディアには、筆者が公学校について調べていること、佐々木訓導について調べていることなどが報じられており、この日の卒業生との面会の様子も報道された。「自由時報」（http://m.ltn.com.tw/news/life/breakingnews/2294600?utm_medium=M& utm_campaign=SHARE&utm_source=LINE）（http://m.ltn.com.tw/ news/ life/ breakingnews/2297337）。新竹の放送局のニュース「凱撃大新竹」（https://m.youtube.com/watch?feature=youtu.be&v=hPxBAGHib88）。

（5）1925（大正14）年女子美術学校（現・女子美術大学）に留学、本格的に日本画を学ぶ。女子美術学校卒業後は、鏑木清方・伊東深水にも師事、また結城素明や松林桂月らとも交流した。

（6）新竹市文化局ホームページ、人物誌の項目参照（https://culture.hccg.gov.tw）。

（7）伊藤るり他編『モダンガールと植民地的近代—東アジアにおける帝国・資本・ジェンダー』（岩波書店、2010年）、273頁。ここに1934（昭和9）年に帝展で初入選したときの『台湾日日新報』の記事が掲載されている。

参考文献

岡部芳広『植民地台湾における公学校唱歌教育』明石書店、2007年。

呉宏明『日本統治下台湾の教育認識：書房・公学校を中心に』春風社、2016年。

洪郁如「植民地台湾の「モダンガール」現象とファッションの政治化」、伊藤るり他編『モダンガールと植民地的近代—東アジアにおける帝国・資本・ジェンダー』岩波書店、2010年。

香山国民小学編『香山一百活力精采』香山国民小学、2010年。

佐々木四郎『公学校国史教科書取扱の研究』香山公学校国史研究部、1940年。

渋谷区立松濤美術館ほか編『台湾の女性日本画家　生誕100年記念　陳進展』渋谷区立松濤美術館ほか、2006年。

新竹州編『教育研究会彙報(一)』新竹州教育課、1922年。
萩本満重他『公学校国史教材困難点の研究』高雄第一公学校、1934年。

あとがき

　地方史研究協議会では、地方史研究の深化・活性化に資するという立場から、地域の史資料の保存について議論し、提言を行っている。地方史研究の基盤整備や地域資料の保存、他の学協会との連携などについては、学術体制小委員会を設けて活動している。特に、資料保存利用機関としての地域文書館や地域博物館の役割を重視し、学術体制小委員会内に文書館問題検討委員会と博物館・資料館問題検討委員会を設けて、その活動や機能について積極的に発言して来た。2009年10月に刊行された当会編『歴史資料の保存と地方史研究』（岩田書院刊）は、21世紀に入って激変しつつあった地方史の研究と資料保存を巡る状況のなかでまとめられたものであった。その後、2011年に東日本大震災を経験し、東京オリンピック・パラリンピック開催へ向けた国の観光立国政策・地域創生政策が加速するなか、当会ではシンポジウムの開催などを通じて、資料保存や地域文書館・地域博物館に関わる諸問題・諸課題を検討してきた。

　これらは、指定管理者制度導入後の2008年の博物館法改正、2009年の公文書等の管理に関する法の施行や、2011年の東日本大震災をはじめとする諸災害など、地方史研究と運動をめぐる政治・制度や社会の変化に対応したものであり、博物館・資料館問題については、2015年に「基礎的自治体の地域博物館のあり方に関する指標」（会誌『地方史研究』374号参照）を公表した。

　しかし、こうした資料保存利用機関の諸問題を取り上げていく一方で、文書館および博物館・資料館問題検討委員会では、震災や文化財レスキューなどとは異なる点から、学校に所在する各種資料（学校資料）の保存問題が話題となっていた。これは、学校アーカイブズの議論の高まりや、検討委員会委員各個人の職場等での経験などから生じてきたものであった。少し議論を立ち止まってみて学校という場そのものに着目してみると、学校文書や学校史編纂資料、学校収集・所蔵・保管の民具や歴史資料、教育資料等々、多種多様な学校資料は、歴史資料であり、特に地域の歴史を物語る地域資料でもあることを確認することができた。また、少子化の進行に伴う学校の統廃合な

ど喫緊な課題も、今更ながら再認識した。学校資料の諸問題を、文書館・博物館・資料館という資料保存利用機関の問題に集約してしまうのではなく、学校という場に関わって作成され収集された地域資料保存の問題として幅広く捉えて、その上で、歴史編纂、教育学や教育史、地域研究等に携っている人々や、博物館・文書館などさまざまな立場から学校資料について改めて議論したいという思考のもとで、計5回にわたる両検討委員会合同での検討会を行った。そして、当会では2017年8月6日「学校資料の未来—地域資料としての保存と活用—」と題するシンポジウムを、学校内歴史資料室との連携を展開している横浜市歴史博物館と共催し同館で開催した。

　シンポジウムでは、学校資料の価値を見出し、一般に理解を求めていくために大切である研究の視点や、地域資料としての位置付け・価値付けなどの議論が深まらなかったことなど、至らぬ点も多かったが、今、本書のような、職務上または研究上のさまざまな立場の執筆者による「学校資料」をテーマとした本が上梓できたことは、大きな成果である。また、行政機関や教育・研究機関ではない、当会のような一般の学会によって本書が編まれたことで、「学校資料」の調査・保存・利活用のための学術的な価値付けに寄与できれば幸いである。なおシンポジウム開催から本書刊行まで1年半と若干時間が経ったが、この間も各地で学校資料に関わる実践や調査・研究・利活用が継続的に行われている。関係されている方々には敬意を表したい。

　本書の編集は、シンポジウム開催後、『学校資料の未来』刊行プロジェクトチームを企画・総務小委員会内に設置し、文書館問題検討委員会と博物館・資料館問題検討委員会のメンバーのなかから、新井浩文・風間洋・工藤航平・実松幸男・宮間純一・渡辺嘉之があたり、工藤航平が編集と取りまとめにあたった。

　最後に、執筆者の方々には御多忙中にもかかわらず快く御寄稿いただき、厚くお礼申し上げたい。また、本書の刊行をお引き受けいただいた、岩田書院の岩田博氏に深く感謝申し上げる。

地方史研究協議会　学術体制小委員会

（文責：実松幸男）

【執筆者紹介】 掲載順

嶋田　典人（しまだ　のりひと）	1963年生	香川県立文書館・主任専門職員
風間　洋（かざま　ひろし）	1967年生	鎌倉学園中学校高等学校・教諭
多和田　真理子（たわだ　まりこ）	1974年生	國學院大學・准教授
羽毛田　智幸（はけた　ともゆき）	1978年生	横浜市歴史博物館・主任学芸員
実松　幸男（さねまつ　ゆきお）	1967年生	春日部市郷土資料館・担当課長兼館長
和崎　光太郎（わさき　こうたろう）	1977年生	浜松学院大学短期大学部・講師
小山　元孝（こやま　もとたか）	1973年生	京丹後市役所・係長
工藤　航平（くどう　こうへい）	1976年生	東京都公文書館・公文書館専門員
大平　聡（おおひら　さとし）	1955年生	宮城学院女子大学・教授
深田　富佐夫（ふかた　ふさお）	1970年生	成田高等学校・教諭
神田　基成（かんだ　もとしげ）	1979年生	鎌倉学園中学校高等学校・教諭

学校資料の未来―地域資料としての保存と活用―

2019年（令和元年）5月　第1刷　1000部発行　　　　定価[本体2800円+税]

編　者　地方史研究協議会（会長：廣瀬良弘）
　　　　〒111-0032　東京都台東区浅草5-33-1

発行所　有限会社岩田書院　代表：岩田　博　　http://www.iwata-shoin.co.jp
　　　　〒157-0062　東京都世田谷区南烏山4-25-6-103　電話 03-3326-3757　FAX 03-3326-6788
組版・印刷・製本：三陽社

ISBN978-4-86602-069-3　C3021　￥2800E

岩田書院 刊行案内 (27)

			本体価	刊行年月
039	佐藤　久光	四国猿と蟹蜘蛛の明治大正四国霊場巡拝記	5400	2018.04
040	川勝　守生	近世日本石灰史料研究11	8200	2018.06
041	小林　清治	戦国期奥羽の地域と大名・郡主＜著作集2＞	8800	2018.06
042	福井郷土誌	越前・若狭の戦国＜ブックレットH24＞	1500	2018.06
043	青木・ﾐｼｪﾙ他	天然痘との闘い：九州の種痘	7200	2018.06
045	佐々木美智子	「俗信」と生活の知恵	9200	2018.06
046	下野近世史	近世下野の生業・文化と領主支配	9000	2018.07
048	神田より子	鳥海山修験	7200	2018.07
049	伊藤　邦彦	「建久四年曾我事件」と初期鎌倉幕府	16800	2018.07
050	斉藤　司	福原高峰と「相中留恩記略」＜近世史51＞	6800	2018.07
047	福江　充	立山曼荼羅の成立と縁起・登山案内図	8600	2018.07
051	木本　好信	時範記逸文集成＜史料選書6＞	2000	2018.09
052	金澤　正大	鎌倉幕府成立期の東国武士団	9400	2018.09
053	藤原　洋	仮親子関係の民俗学的研究	9900	2018.09
054	関口　功一	古代上毛野氏の基礎的研究	8400	2018.09
055	黒田・丸島	真田信之・信繁＜国衆21＞	5000	2018.09
056	倉石　忠彦	都市化のなかの民俗学	11000	2018.09
057	飯澤　文夫	地方史文献年鑑2017	25800	2018.09
058	國　雄行	近代日本と農政	8800	2018.09
059	鈴木　明子	おんなの身体論	4800	2018.10
060	水谷・渡部	オビシャ文書の世界	3800	2018.10
061	北川　央	近世金毘羅信仰の展開	2800	2018.10
062	悪党研究会	南北朝「内乱」	5800	2018.10
063	横井　香織	帝国日本のアジア認識	2800	2018.10
180	日本史史料研	日本史のまめまめしい知識3	1000	2018.10
064	金田　久璋	ニソの杜と若狭の民俗世界	9200	2018.11
065	加能・群歴	地域・交流・暮らし＜ブックレットH25＞	1600	2018.11
066	保阪・福原・石垣	来訪神 仮面・仮装の神々	3600	2018.11
067	宮城洋一郎	日本古代仏教の福祉思想と実践	2800	2018.11
068	南奥戦国史	伊達天正日記 天正十五年＜史料選書7＞	1600	2018.11
069	四国地域史	四国の中世城館＜ブックレットH26＞	1300	2018.12
070	胡桃沢勘司	押送船	1900	2018.12
071	清水紘一他	近世長崎法制史料集2＜史料叢刊12＞	18000	2019.02
072	戸邉　優美	女講中の民俗誌	7400	2019.02
073	小宮木代良	近世前期の公儀軍役負担と大名家＜ﾌﾞｯｸﾚｯﾄH26＞	1600	2019.03
074	小笠原春香	戦国大名武田氏の外交と戦争＜戦国史17＞	7900	2019.04
075	川勝　守生	近世日本石灰史料研究12	5400	2019.05
077	朝幕研究会	論集 近世の天皇と朝廷	10000	2019.05